세상에 대하여
우리가
더잘 알아야 할
교양

44

지은이 리처드 스필베리

주로 청소년들을 위한 책을 많이 펴냈습니다. 잠수함부터 글로벌 경제에 이르기까지 다양한 주제의 책을 여러 권 발표한 작가로 알려져 있습니다. 지은 책으로는 《위험에 처한 남아메리카 동물들(Animals in Danger in South America)》《침팬지 무리(Troop of Chimpanzees)》《세포(Cells)》《람세스 2세(Ramesses II)》 등이 있습니다.

옮긴이 한진여

연세대학교 영어영문학과를 졸업했습니다. 출판사에서 저작권 수출입 및 편집 기획자로 근무했으며 현재는 영문과 일문 번역을 하고 있습니다. 옮긴 책으로는 《제노사이드, 집단 학살은 왜 반복될까?》《가해자 가족》《던킨딩스(전 4권)》《아름다운 영혼의 동물들》《울퉁이와 콕콕이》 등이 있습니다.

감수자 강수돌

독일 브레멘 대학교에서 경영학(노사관계) 박사 학위를 받았습니다. 한국노동연구원 연구위원으로 재직한 뒤 1997년에 고려대학교 세종캠퍼스로 자리를 옮겨 지금까지 경영학부 교수로 재직 중입니다. 지은 책으로는 《작은 경제학자를 위한 자본주의 교과서》《경영과 노동》《살림의 경제학》 등이 있고, 옮긴 책으로는 《세계화의 덫》《글로벌 슬럼프》 등이 있습니다.

세 상에 대하여
우리가
더 잘 알아야 할
교양

리처드 스필베리 **지음** | 한진여 **옮김** | 강수돌 **감수**

44

글로벌 경제

나에게 좋은 걸까?

내인생의책

차례

※ 본문의 **굵은 글씨**로 표시된 단어는 117페이지 용어 설명에서 찾아보세요.

　　우리가 자주 먹는 바나나는 주로 필리핀과 같은 동남아에서 수입됩니다. 그런데 유럽 국가들은 동남아가 아닌 카리브 해의 섬나라에서 바나나를 주로 수입합니다. 이 지역에는 가족이 운영하는 소규모 플랜테이션들이 많은데, 주로 수출을 위해 바나나를 경작하지요. 카리브 해의 섬나라에 플랜테이션 농장이 많은 이유는 영국이 과거에 이 나라들을 식민지로 삼았기 때문이에요.

　　세계 경제는 아주 오래전부터 식민지 관계 또는 무역 관계를 통해 다양한 모습으로 발달해왔습니다. 오늘날에도 별로 달라진 것은 없습니다. 노골적으로 식민지를 운용하는 나라는 없지만, 직접적 투자나 금융 투자 등을 수단으로 하는 세계적 차원의 돈벌이 경제가 널리 퍼져 있지요.

　　오늘날 글로벌 경제는 다국적 기업이나 금융 자본에 의해 좌우되고 있다고 해도 과언이 아닙니다. 금융 자본에 의해 지배되는 글로벌 경제의 가장 큰 문제점은 건강한 노동력의 가치보다 화폐의 가치가 압도적으로 중요하게 여겨진다는 점이지요. 심지어 이 점이 노동자의 삶 자체를 파탄에 이르게 만들기도 합니다. 일례로 어느 날 얼굴도 없는 금융 자본이 어느 나라 기업에 무더기로 투자를 합니다. 그러다가 환율이나 이자 수익률에서 불리해지면 갑자기 투자금을 모두 회수하지요. 이런 경우 기업은 십중팔구 도산에 이릅니다. 최근에는 고약한 외국계 금융 자본이 기업의 값어치를 높여 다른 기업에 비싸게 팔고 떠나버리는 이른바 '먹튀'가 문제되기도 했습니다. 어느 경우든 직원을 무더기로 해고하는 일이 생기지요. 해고된 직원들은 정든 일터에서 쫓겨나 갑자기 오갈 데가 없어지고요.

한 나라가 건강하게 발전하려면 그 나라 사람들이 먹고사는 데 필요한 물자나 서비스의 70~80퍼센트 정도는 자립 생산하는 것이 바람직합니다. 부족한 부분은 다른 나라와 교류를 하면서 서로 돕고 사는 것이 이상적이겠지요. 그렇게 세계 모든 나라들이 형제자매처럼 잘 돕고 산다면 이 세상에 평화는 저절로 올 것입니다. 하지만 특정 강대국들이 자기들만 잘살겠다고 다른 나라를 식민지로 삼거나, 가난한 나라의 노동력을 헐값에 사용하려 하거나, '먹튀' 자본의 경우처럼 단물만 뽑아먹고 도망치려 한다면 세계 평화가 아니라 세계 전쟁의 위험이 커지겠지요. 지금도 중동 지역에서는 석유와 가스 개발을 둘러싸고 강대국들이 소리 없는 전쟁을 벌이고 있습니다. 이같은 강대국 간의 이권 다툼은 전쟁의 우려를 키우지요. 현재 유럽이 겪고 있는 난민 문제도 이런 이권 다툼과 무관하지 않아요.

글로벌 경제의 흐름은 이처럼 복잡합니다. 복잡한 개념인 글로벌 경제에 대해 더 잘 이해하기 위해서는 경제와 관련한 기초 개념을 꼼꼼히 확인해 둘 필요가 있습니다. 이 책을 읽고 나면 글로벌 경제의 큰 틀을 이해하는 데 큰 도움을 받을 수 있을 것입니다. 독자 여러분이 이 책을 읽고 단순한 경제를 넘어, 경제가 세상을 움직이는 이치에 이르는 더 깊은 이해를 갖기를 희망합니다.

고려대학교 경영학부 교수 **강수돌**

들어가며 : 글로벌 경제, 세계화의 빛과 그림자

2008년, 미국에서 시작된 금융 위기는 전 세계에 영향을 미쳤습니다. 세계는 어두운 불황의 늪으로 빨려 들어갔지요. 미국에서 수많은 사람이 집을 잃고 거리로 나앉았다는 소식이 우리 귀에까지 들려왔습니다. 아이슬란드처럼 국가 부도 위기에 처한 나라도 있었지요. 우리나라도 예외가 아니었어요. 세계 시장이 얼어붙자 우리나라의 연간 수출량이 감소하기 시작했습니다. 수출량이 줄어들자 기업들의 재정 상황이 악화되었고 버티기 힘들어진 기업들이 고용을 줄이기 시작했지요. 일자리가 없어서 생계 문제로 허덕이는 사람들이 늘어나면서 나라 전체가 경제적인 궁핍에 시달리게 되었습니다. 그리고 그 여파는 여전히 계속되고 있어요. 도대체 왜 이런 일들이 벌어졌을까요? 왜 미국에서 발생한 위기가 머나먼 한국 땅에까지 영향을 미쳤을까요? 어째서 미국에서 발생한 금융 위기가 이렇게 전 세계를 뒤흔들어 놓은 걸까요?

글로벌 경제의 빛과 그림자

글로벌 경제란 세계의 교역량이 늘어남에 따라 나라와 나라 사이의 경제 활동이 더 자유로워지고 세계 각국이 서로 무역을 통해 협력하며 발전하는 경제를 말합니다. 십수 년 전까지만 해도 글로벌 경제는 인류의 삶을 더 풍요롭고 알차게 바꿔줄 꿈이자 희망이었어요. 사람들은 경제적 세계화가 인류 발전의 원동력이라고 굳게 믿었습니다. 실제로 글로벌 경제는 인류의 생활양식을 송두리째 바꿔 놓았지요. 우선 판매 시장이 전 세계로 확대되면서 기업들은 가격 인하 경쟁을 하기 시작했고 그 덕분에 소비자는 더 싼 값으로 물건을 구매할 수 있게 되었습니다. 또 국제 교류가 늘어나면서 항공 노선이 전 세계로 확대되었습니다. 국가 간의 교류도 점점 더 자유로워졌지요.

그런데 여기저기서 문제점이 드러나기 시작했어요. 경제 성장 위주의 무분별한 개발이 계속 이어지면서 심각한 환경 파괴가 생겨났고, 다국적 기업들이 가난한 나라에 들어가 노동자를 착취해 배를 불리는 일들이 일어났습니다. 패권을 가진 나라들이 국제기구를 좌우하는 상황이 벌어지면서 가난한 나라들이 더 가난해지는 결과를 낳고 말았지요.

위기의 세계화

그런데 진짜 문제는 글로벌 경제 안에서 각 국가 간의 이해관계가 서로 얽히고설켜 있다는 점이었습니다. 앞서 말했듯 2008년 미국발 경제 위기는 단지 미국만의 문제가 아니었지요. 미국의 불량 주택 담보 대출 채권에 투자했던 영국 은행들은 미국의 경제가 흔들리자 큰 어려움을 겪어야 했습니다. 급기야는 영국 정부가 나서서 은행들을 구제하기 위해 수조 원의 공적 자금을 투입해야 했지요. 이런 현상을 겪은 나라는 영국

인도 성냥 공장에서 어린이를 고용해서 착취하고 있다. 글로벌 경제는 더 많은 이익을 남기기 위해 노동자에게 열악한 작업 환경을 강요하기도 한다.

만이 아니었어요. 문제는 꼬리에 꼬리를 물고 전 세계로 퍼져나갔지요. 세계 주식시장의 주가가 일제히 무너져 내렸고, 세계 곳곳에서 도산 위기를 겪는 기업이 속출했어요. 그뿐만이 아닙니다. 국제 교류가 늘어나면서 환경 파괴로 인한 피해도 세계화되기 시작했어요. 더 많은 상품을 더 많이 운송하기 위해 사람들은 자원을 무분별하게 사용하기 시작했고, 그 결과 지구 온난화, 이상 기후 현상 등 지구 전체에 영향을 미치는 여러 가지 환경 문제가 발생했습니다. 이렇게 생겨난 전 지구적인 문제들은 이제 어느 한 나라의 노력만으로는 풀 수 없는 복합적인 문제가 되었지요.

공존을 위한 지속 가능한 경제

글로벌 경제는 오랫동안 인류의 삶에 윤택함을 가져다주리라는 기대를 심던 희망이었습니다. 동시에 현재 세계가 겪고 있는 다양한 국제 문제들의 근본적인 원인으로 작용하기도 했지요. 국가 간의 협력과 교류를 촉진시키기도 하지만, 때때로 국제적인 분쟁이나 긴 불황의 씨앗이 되기도 했어요. 많은 사람들이 글로벌 경제의 문제점을 해결하기 위해 거리로 나가 시위를 하거나, 각종 법적 규제를 만드는 노력을 기울입니다. 그러나 한편에서는 국제 교류를 통한 경제 성장이 결국 모든 문제를 해결해 줄 것이라 기대하는 사람들도 있지요. 그렇다면 국제화 시대의 시민으로서 우리는 글로벌 경제를 어떻게 바라보고, 어떻게 대응해 나가야 하는 걸까요?

이제부터 우리는 글로벌 경제를 둘러싼 모든 것을 알아볼 거예요. 글로벌 경제를 구성하는 요소는 무엇인지, 글로벌 경제를 좌우하는 주체는 누구인지, 더불어 글로벌 경제가 어떻게 각 나라의 경제와 자연 환경에 영향을 주는지 두루 살펴볼 것입니다. 이 책이 부디 여러분에게 글로벌 경제가 직면한 도전 과제와 대응 방향에 대해 생각해 볼 수 있는 계기가 되기를 희망해 봅니다.

1
CHAPTER

글로벌 경제란
무엇일까요?

오늘날 글로벌 경제는 세계 각국의 개별적인 경제를 하나로 연결하고 있습니다. 그렇
다면 언제부터 세계는 경제적으로 서로 얽히고설키기 시작했을까요? 세계 각국은 무
역상들이 국경을 넘고 바다를 건너기 시작하던 먼 옛날부터 서로 관계를 맺기 시작했
습니다. 무역의 역사는 고대 이집트까지 거슬러 올라갑니다.

2008 년 세계 경제는 일대 위기에 빠졌습니다. 전 세계 금융권은 물론이고 각국 정부들 역시 국가 부도 직전까지 몰려 애를 먹었지요. 대체 경제가 무엇이기에, 경제의 어떤 힘이 세계를 위험에 빠뜨렸을까요? 또 경제는 어떻게 이렇게 인간의 삶에 깊은 영향을 끼치는 걸까요? 사람들 사이의 차이를 만들어 내고 불평등을 낳기도 하는 경제. 이제부터 경제가 무엇인지 정확히 알아보고, 오늘날 세계가 글로벌 경제라는 이름으로 어떻게 교류하며 하나가 되었는지 알아봅시다.

경제의 정의

경제란 돈을 벌기 위해서 무언가를 사고파는 행위를 일컫는 말합니다. 자원(토지, 노동력, 원자재)과 자본(돈, 부동산)을 이용해 상품과 서비스를 생산하고, 팔고, 사는 행위를 모두 경제 활동이라고 하지요. 여기서 상품이란 휴대 전화, 카펫, 초콜릿과 같이 실제로 사고팔 수 있는 생산물을 말합니다. 반면 학생을 가르치거나 버스를 운전하는 것처럼 돈을 받고 다른 사람을 위해 일하는 것을 서비스라고 하지요.

경제는 여러 층위에서 발생합니다. 그 규모에 따라 단순한 지역 경제에서부터 복잡한 글로벌 경제에 이르기까지 다양한 경제가 존재합니다. 지역 경제는 비교적 작은 규모의 경제입니다. 우유의 유통 과정을 예로 설명해 보자면, 우유 생산 농가에서 출발해, 우유 공장, 우유 배달부, 우유 소비자에 이르는 지극히 제한되고 단순한 구조의 경제지요. 국가 경제는 지역 경제보다 한 단계 복잡한 개념입니다. 우유를 비롯한 다양한 농작물을 생산하는 농가와 그들이 재배하는 여러 가지 농작물, 다양한 상품을 만들어내는 공장들, 수많은 소비자 그리고 상품을 소비하는 과정에서 나오는 쓰레기 처리 절차까지 모두 포함된 것이 국가 경제입니다. 그런데 이들 국가 경제가 서로 만나면 더 거대하고 더 복잡한 규모의 경제가 탄생하지요. 바로 그것이 글로벌 경제입니다. 다시 말해 글로벌 경제는 세계 각국의 국가 경제가 서로 복잡하게 관계를 맺으며 생산하고 거래하는 엄청나게 큰 규모의 경제를 말하는 것이지요.

글로벌 경제란?

그래도 글로벌 경제가 정확히 무엇인지 감이 잘 오지 않는다고요? 예를 들어 볼까요? 휴대 전화는 글로벌 경제를 설명하는 데 안성맞춤인 사례입니다. 우선 휴대 전화 회사들은 휴대 전화의 유통을 위해 유럽이나 일본, 한국 등지에 사무실을 설립합니다. 주로 디자인이나 마케팅을 담당하는 사무실을 전 세계에 여러 개 열지요. 그런데 휴대 전화를 제작하기 위해서는 원유나 콜탄 같은 천연 자원이 꼭 필요합니다. 원유로는 주로 휴대 전화의 플라스틱 부품을 만들고, 콜탄으로는 휴대 전화의 전자

휴대 전화는 세계적으로 상용화된 첨단 기술일 뿐만 아니라 글로벌 경제를 집약적으로 설명하는 대표적인 사례이기도 하다. 인도에서만 해도 약 8억 명이 휴대 전화를 사용하고 있다.

회로를 만들지요. 그중 콜탄은 아프리카의 콩고 등지에서 많이 채굴돼 아프리카 국가들은 최근 **수출**을 위해 광산 개발에 열을 올리고 있어요. 콩고 등에서 **수입**한 원료로 휴대 전화의 액정이나 전자 회로 같은 개별 부품을 만드는 곳은 다름 아닌 세계의 공장이라 불리는 중국입니다. 그러나 우리가 흔히 생각하는 것과는 달리 완제품은 중국에서 만들어지지 않습니다. 유럽 국가 중 비교적 노동력이 싼 헝가리나 루마니아의 휴대 전화 조립 공장에서 완제품이 생산되지요. 그리고 이렇게 만들어진 휴대 전화는 각 나라의 이동 통신 회사를 거쳐 오프라인 휴대 전화 매장이나 온라인 쇼핑몰을 통해 전 세계에 판매됩니다. 이렇게 하나의 상품이 한 나라가 아닌 다양한 국가에서 생산, 조립, 판매되므로 휴대 전화는 글로벌 경제를 집약적으로 보여주는 대표적인 사례라 할 수 있어요.

글로벌 경제의 시작

오늘날 글로벌 경제는 세계 각국의 개별적인 경제를 하나로 연결하고 있습니다. 그렇다면 언제부터 세계는 경제적으로 서로 얽히고설키기 시작했을까요? 세계 각국은 무역상들이 국경을 넘고 바다를 건너기 시작하던 먼 옛날부터 서로 관계를 맺기 시작했습니다. 무역의 역사는 고대 이집트까지 거슬러 올라갑니다. 고대 이집트에는 자신들의 파라오(왕)를 미라로 만드는 풍습이 있었지요. 이집트인들은 미라를 만드는 데 사용되는 특별한 향료를 아랍 상인을 통해 동남아시아에서 사들였어요. 그런가 하면 고대 로마 시대에도 무역은 일어났습니다. 유리그릇, 올리브유, 금속과 같은 많은 물건들이 넓은 영토를 차지했던 로마 제국 전체에서 활발히 거래되었지요.

그러나 많은 역사가가 진정한 의미의 글로벌 경제는 유럽 국가들이 대항해 시대를 연 15세기 후반에 시작됐다고 주장합니다. 1492년 스페인 왕의 지원으로 신대륙을 발견한 크리스토퍼 콜럼버스, 1497년 인도로 향한 포르투갈인 바스쿠 다가마 등이 이 시대를 대표하는 탐험가들이지요. 탐험가들은 먼 이국에서 나는 진기한 작물이나 물건을 가져다가 유럽 시장에 내다 팔았지요. 그들은 무역으로 막대한 이윤을 남기는 한편 기독교를 세계에 전파하려고도 했습니다. 이 시기에 탐험가들의 대항해가 가능했던 것은 지중해를 벗어나 대서양을 건널 만큼 크고 안전한 배를 건조할 수 있는 기술이 발전했기 때문입니다. 또 당대에 최초의 은행이 설립되었고, 탐험가들은 이 은행으로부터 돈을 **대출**받아 항해 비용으로 충당할 수 있었기 때문이에요.

1500~1800년 유럽 국가들은 세계 곳곳에 식민지를 세우고 지배했습니다. 식민지 국가들은 유럽을 위해 자원이나 상품을 조달하는 창구로 전락했지요. 스페인과 포르투갈은 콜럼버스가 처음 발을 딛었던 아메리카 대륙의 **카리브 해** 연안에 식민지를 세웠습니다. 그 뒤로 남아메리카까지 식민지를 넓혀 갔지요. 아메리카 식민지에서는 사탕수수가 많이 났고, 금과 은이 채굴되는 광산이 있었습니다. 이에 질세라 영국과 프랑스도 북아메리카에 쳐들어가 식민지를 건설했습니다. 그들은 식민지에 담

유럽의 탐험가들은 수 세기에 걸쳐 신대륙을 발견하기 위한 항해에 나섰다. 금과 은, 후추, 도자기 등 자원이 있는 곳이면 어디에나 식민지를 만들었다.

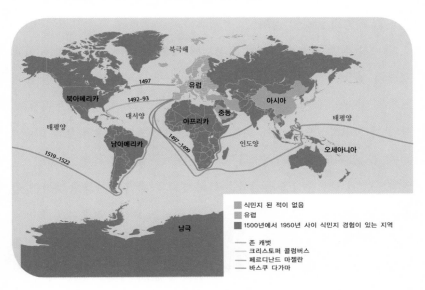

배, 목화 등을 재배하는 **플랜테이션** 농장을 세웠지요. 또 상품 생산을 위해 천연 자원을 수탈했습니다. 그뿐 아니라 식민지 국민들의 노동력으로 값싼 물건을 만들어 본국으로 수출했어요. 심지어 식민지는 스스로 만든 상품을 소비하는 시장 역할도 했습니다. 그 결과 식민지를 가진 유럽 열강의 경제는 크게 성장했지요.

식민지 지배자들은 다른 나라에서 끌고 온 노예들을 동원해 플랜테이션 농장이나 광산에서 일하도록 했습니다. 노예들이 플랜테이션에서 생산한 물자는 배에 실려 유럽으로 팔려갔습니다. 식민지 지배자들은 그렇게 벌어들인 돈으로 다시 아프리카 노예들을 사서 배에 가득 싣고 아메리카로 돌아갔습니다. 그들은 노예를 마치 짐승처럼 다뤘고, 이러한 비인간적인 노예 무역으로 수만 명의 노예가 목숨을 잃어야 했습니다.

산업 혁명과 글로벌 경제

18세기 후반부터 19세기에 걸쳐 서양에서 일어난 산업 혁명은 세계 경제의 성장을 촉진했습니다. 특히 18세기 제임스 와트가 발명한 증기 기관은 인류의 생산 방식과 생산 속도에 획기적인 변화를 가져왔지요. 증기 기관의 발명으로 연료로 작동하는 엔진이 발달할 수 있었고, 곧 인류는 공장에서 거대한 기계들을 움직여 상품을 생산하게 되었습니다. 그 영향으로 기계에 동력을 공급하는 화석 연료와 관련된 산업도 더불어 팽창하기 시작했지요.

산업 혁명기에는 철도와 운하가 발달하기 시작했고 해상 교통 시스템이 마련되어 원료와 상품을 대량으로 전 세계에 운송하는 일도 가능해졌습니다. 산업 혁명으로 인해 전 세계가 더 많이 생산하고 더 많이 교류하는 시대를 열게 된 셈입니다. 이렇듯 산업 혁명은 단지 새로운 동력 자원을 발견했다는 의미에서 그치는 사건이 아닙니다. 인류가 가내 수공업이나 소규모 공장 노동에서 벗어나 대량 생산 체제 사회로 진입했다는 것을 의미하는 매우 중요한 사건이었지요.

2차 세계 대전이 끝난 뒤 글로벌 경제

두 차례의 세계 대전은 수많은 인명을 앗아 갔고 살아남은 이들에게도 끔찍한 마음의 상처를 남겼습니다. 20세기 초반 세계 경제는 전쟁의 그늘 아래서 크게 성장이 둔화됐지요. 하지만 전쟁이 끝난 뒤 얼마 지나지 않아 글로벌 경제는 곧 다시 활성화되기 시작했습니다. 전쟁으로 무너진 나라들이 재빨리 도시 재건 사업에 뛰어들었으며, 산업 발전과 사회 기반 시설의 확충이 급격히 이루어졌습니다.

두 차례의 세계 대전은 전쟁의 무대였던 유럽을 황폐하게 만들었습니다. 유럽 각국은 국가 재건에 온 힘을 쏟아야 했지요. 그러나 미국은 달랐습니다. 전쟁의 마수가 닿지 않았기 때문에 미국 본토의 건물과 사회 기반 시설은 파괴되지 않고 멀쩡했습니다. 그 덕분에 미국은 전쟁으로 파괴된 시설을 복구해야 하는 나라들에 돈을 빌려줄 여유가 있었지요. 게다가 미국은 텔레비전이나 비행기 등을 만드는 데 필요한 기술을 가지고 있었어요. 그 기술을 다른 나라에 팔아 이윤을 올리기도 했지요. 이러한 상황은 미국을 전쟁 후 세계에서 가장 큰 경제 대국으로 성장시켰습니다. 미국 경제가 크게 성장하면서 미국의 세계 수출 무역량은 1950년 580억 달러(약 68조 6,894억 원)에서 1997년 5조 3천억 달러(약 6,276조 7,900억 원)까지 훌쩍 늘어났지요.

1960~80년대에는 일본을 비롯한 아시아 경제가 지속적으로 성장하면서 생산 기술이 발달했습니다. 그런데 아시아 경제의 성장은 의외로 독일 경제에 큰 도움이 되었어요. 경제 성장으로 구매력이 생긴 아시아가 독일 기업의 주요 판매 시장이 되면서 독일은 유럽에서 가장 큰 경제 국가로 성장했습니다. 1990년대부터는 인도, 중국, 브라질 같은 나라들이 글로벌 경제의 핵심 축으로 성장했어요. 이들 국가들은 천연 자원이 풍부하고, 거대한 인구를 가진 덕택에 값싼 노동력을 무기로 글로벌 경제의 무서운 강자로 떠올랐지요.

간추려 보기

- 글로벌 경제는 세계 각국의 국가 경제가 서로 복잡하게 관계를 맺으며 생산하고 거래하는 엄청나게 큰 규모의 경제를 말하는 것이다.
- 많은 역사가가 진정한 의미의 글로벌 경제는 유럽 국가들이 대항해 시대를 연 15세기 후반에 시작됐다고 주장한다. 1492년 스페인 왕의 지원으로 신대륙을 발견한 크리스토퍼 콜럼버스, 1497년 인도로 향한 포르투갈인 바스쿠 다가마 등이 이 시대를 대표하는 탐험가들이다.
- 18세기 후반부터 19세기에 걸쳐 서양에서 일어난 산업 혁명은 세계 경제의 성장을 촉진했다. 특히 18세기 제임스 와트가 발명한 증기 기관은 인류의 생산 방식과 생산 속도에 획기적인 변화를 가져왔다.

2

글로벌 경제의
기본 원리

세계에는 상품이나 서비스를 서로 제한 없이 수출하고 수입하는 나라들도 있습니다. 어떠한 규제도 없는 이러한 종류의 무역을 자유 무역이라고 부릅니다. 이 자유 무역이 라고 하는 개념은 규제 없는 무역이 소비자에게 더 많은 상품 선택의 기회를 제공하고, 그로써 기업들이 더 나은 제품을 더 싼 가격에 공급하도록 유도할 수 있다는 생각에서 나왔습니다.

글로벌 경제든 아니면 다른 어떤 규모의 경제에서든, 경제에는 가장 중요한 세 가지 부문이 있습니다. 그 세 가지는 바로 생산, 무역, 자본 공급입니다. 현대 생활에서 흔히 이 세 가지는 상호 연관되어 있기 마련입니다. 상품을 생산하기 위해서는 자본이 필요하고, 자본을 벌어들이기 위해서는 무역 거래를 해야 하는 세상이기 때문에 생산, 무역, 자본 공급은 떼려야 뗄 수 없는 관계에 놓여 있어요.

생산, 수요, 공급

경제학에서 생산이란 용어는 투자를 통해 이윤을 이끌어내는 과정을 일컫는 말입니다. 상품 가치가 있고 판매할 수 있는 것은 무엇이든 생산의 대상이 되지요. 이렇게 생산의 대상이 되는 것을 우리는 상품이라 부릅니다. 다이아몬드나 물과 같이 가공되지 않은 천연 자원부터 토지, 농작물, 공산품 등에 이르기까지 다양한 것들이 상품이 될 수 있어요. 상품은 대개 유통이나 광고, 물류 등과 같은 서비스를 통해 판매됩니다. 그중에서도 보건 의료나 교육, 쓰레기 처리는 사회에 꼭 필요한 가치를 생산하는 중요한 서비스지요. 이외에도 놀이 공원처럼 단순히 즐거움을 주는 서비스들도 있습니다. 그러나 어떤 서비스든 생산과 판매를 촉진하는 기능을 하는 건 같아요.

경제학자들은 경제를 설명할 때 수요와 공급이라는 용어를 사용합니다. 먼저 수요란 돈을 지불하고 원하는 상품이나 서비스를 사고자 하는 소비자의 욕구를 말합니다. 공급이란 생산자가 일정한 가격에 상품과 서비스를 만들어 파는 것을 말하지요. 수요와 공급은 아주 긴밀하게 연결되어 있습니다. 이론적으로 수요가 공급보다 더 크게 되면 상품이나 서비스의 가격은 올라갑니다. 반대로 공급이 수요보다 커지면 상품이나 서

광산에서는 발전소에서 사용할 석탄을 캐낸다. 천연 자원은 생산의 대상이면서 다른 상품을 생산해 내는 기본 재료가 된다.

비스의 가격은 내려가지요. 그러나 이론과 달리 실제로는 상품의 가치에 따라 가격이 달라지기도 해요. 이를테면 쌀(서양에서는 빵, 파스타)은 인간 생존에 필수적인 상품이므로 가격이 어떻든 항상 수요가 있습니다.

사례탐구 *가발의 경제학*

사람의 머리카락은 붙임 머리나 가발의 재료로 사용되기 때문에 경제적으로 여유가 있는 나라에서 특히 수요가 많다. 또 가난한 나라의 여성들은 남성보다 일할 기회가 부족하기 때문에 자신의 머리카락을 팔아 돈을 버는 경우도 많다. 그 때문에 중국이나 인도에서 공급되는 검은색 머리카락은 수요에 비해 공급이 활발히 이루어지는데 금발은 그렇지 않다. 금발은 우선 공급이 적게 이루어져 희소성이 있고, 어떤 머리 스타일에도 어울리기 쉽게 염색을 할 수 있기 때문에 무척 인기가 많다.

1990년대 러시아의 모살스크에서는 농업이 붕괴되기 시작했다. 그 뒤 농업 대신 가발 산업이 번성하기 시작했다. 모살스크의 유명한 가발 가공 회사인 벨리 카펠리는 현재 러시아, 독일, 미국 등지의 고급 미용실에 가발을 납품하는 큰손이다. 벨리 카펠리의 가발 공장에서는 여성들에게서 사들인 머리카락을 가공해서 판매하는데, 그로 인해 2011년 모살스크에서는 16인치(약 40센티미터) 길이 머리카락이 약 30파운드(약 5만 원)에 거래되기도 했다. 모살스크에서는 고등학교나 대학의 신학기가 시작되는 무렵에 머리카락의 공급이 늘어난다고 한다. 학교 교재를 사기 위해 학생들이 머리카락을 팔기 때문이다.

세계의 무역

무역은 자국의 상품을 다른 나라에 내다파는 수출과 다른 나라의 상품을 국내에 들여오는 수입을 포함하는 개념입니다. 세계 각국은 다른 나라 시장에서 더 많은 상품을 팔기 위해 각자의 조건에서 최상의 상품을 만들어 거래하고자 노력합니다. 독일은 국내 총생산의 40~50퍼센트를 수출로 벌어들이는 나라입니다. 자동차, 금속, 기계, 화학, 전기전자 등 다양한 분야의 산업이 발달한 나라지요. 흔히 독일 같은 나라의 산업은 자본 집약적 특징을 가졌다고 합니다. 자본 집약적 산업이란 상품을 생산하는 데 큰돈을 투자하고 최첨단 기술과 고급 인력을 투입해 무역 경쟁력을 갖춘 상품을 생산하는 산업을 말하지요. 반면 에티오피아는 토지 집약적 상품을 수출하는 나라의 대표적인 예입니다. 최첨단 기술이나 고급 인력이 아닌 대규모 농지에 기반한 산업을 주로 발전시켜 무역을 하는 국가이지요.

규제 없는 무역

세계에는 상품이나 서비스를 서로 제한 없이 수출하고 수입하는 나라들도 있습니다. 어떠한 규제도 없는 이러한 종류의 무역을 자유 무역이라고 부릅니다. 이 자유 무역이라고 하는 개념은 규제 없는 무역이 소비자에게 더 많은 상품 선택의 기회를 제공하고, 그로써 기업들이 더 나은 제품을 더 싼 가격에 공급하도록 유도할 수 있다는 생각에서 나왔습니다. 자유 무역을 통해 주요 천연 자원이나 그 밖에 생산에 필요한 원자재들을 더 쉽고 더 싸게 거래할 수 있다는 주장도 하지요. 이처럼 자유 무

사례탐구 정어리 통조림과 보호 무역

보호 무역이 오히려 개발도상국에 피해를 줄 수도 있다. 정어리 통조림을 먹어 본 적이 있는가. 정어리는 청어과에 속하는 바닷물고기로 유럽에서는 흔히 식탁에 오르는 생선이다. 그런데 2001년 유럽 연합이 유럽 근해에서 잡힌 청어류만 정어리라는 이름으로 판매될 수 있다는 법을 통과시켰다. 이 법률안에 따르면, 페루 인근 바다에서 잡힌 정어리들은 유럽에서 정어리란 이름으로 판매할 수 없었다. 정어리 대신 비슷한 물고기인 밴댕이나 청어라는 이름으로 판매해야 했다. 왜 유럽 연합은 페루산 정어리에 정어리라는 이름을 사용하지 못하게 한 것일까?

유럽에서는 정어리 통조림이 밴댕이나 청어 통조림보다 훨씬 더 잘 팔리기 때문이었다. 페루산 정어리의 판매량을 줄여 자국 수산업을 보호하려는 보호 무역 주의를 발동한 것이다. 그런데 페루에서는 많은 어부가 정어리를 잡아 생계를 꾸려가기 때문에 유럽에서 정어리 판매가 줄어들면 생계에 타격을 크게 입게 된다. 그래서 페루 수산업 관련 종사자들은 유럽 연합을 **세계 무역 기구**에 제소했다. 결국 2002년 세계 무역 기구는 유럽 연합의 정어리 표시 법률안이 불공정하다는 판결을 내렸다.

역은 각 국가 간의 경제적 협력을 촉진하며, 지식과 정보의 교류도 활성한다고 알려져 있어요.

하지만 자유 무역 주의에 반(反)하는 관세나 수입 할당제 등의 장벽을 만들어 놓는 나라들도 많습니다. 이러한 것을 보호 무역이라고 부릅니다. 보호 무역은 보통 국제 무역 경쟁에서 자국의 산업을 보호하기 위해 사용되는 정책입니다. 어떤 나라 정부가 다른 나라에서 수입하는 신발의 수입량을 제한하면 그 나라의 신발 회사들은 자신들이 생산한 신발을 수입량이 줄어든 만큼 더 팔 수 있지요. 이러한 보호 무역 수단을 **수입 쿼터제**라고 부릅니다. 개발 도상국이 선진국의 거대 자본으로부터 자국의 산업을 지키기 위해서는 꼭 필요한 제도이기도 하지요. 한편 정부가 주는 **보조금**을 통해 자국의 산업을 육성하고 보호할 수도 있습니다. 예를 들어 정부가 자국의 자동차 산업에 보조금을 지원하면 같은 종류의 수입 자동차보다 더 적은 비용으로 값싼 자동차를 만들어 상품 경쟁력을 제고할 수 있습니다.

때로는 정치적인 이유 때문에 보호 무역을 하기도 합니다. 2008년 미국은 북한이 핵무기를 불법적으로 개발한다는 이유로 북한으로부터의 수입을 전면 금지했습니다.

자본의 공급

글로벌 경제가 원활히 돌아가려면 생산과 무역에 필요한 자본의 공급이 필수적입니다. 자본 공급은 은행을 비롯해 금융 산업의 여러 기관들이 담당하고 있지요. 여러분이 지금 아르바이트를 하고 있고, 새 자전거를 사기 위해 돈을 저금하고 있다고 가정해 봅시다. 여러분은 돈을 벌어 은행에 저금합니다. 그러고 나서 얼마간의 시간이 흐르면 은행은 여러분이 맡긴 돈에 대한 **이자**를 지급하지요. 그런데 왜 은행은 자신들이 돈을 안전하게 맡아주는데도 도리어 돈을 맡긴 사람에게 이자까지 지급하는 걸까요?

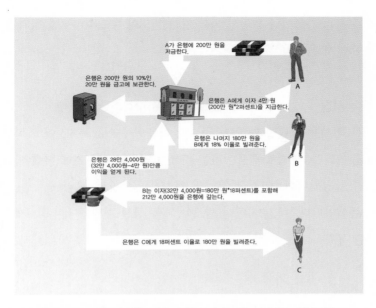

이 그림은 은행이 고객에게 돈을 빌려주고 이자를 받는 과정에서 어떻게 이익
을 얻는지 보여 준다.

　은행은 대개 대출과 모기지론 같은 금융 상품의 형태로 돈(자본)을 거
래합니다. 대출이란 자동차처럼 값비싼 물건을 살 때 은행에서 돈을 빌
리는 것을 말합니다. 그중에서도 특히 모기지론이란 집이나 건물을 사기
위해 담보를 잡혀 오랜 기간 자금을 빌리는 대출 방식이지요. 대출을 받
은 사람들은 대체로 빌린 돈에 이자를 쳐서 오랜 기간에 걸쳐 갚습니다.
이렇게 빌려준 대출금에 대한 이자율이 고객들이 저축한 돈에 대한 이자
율보다 높으므로 은행은 그 사이에서 돈을 법니다. 은행이 돈을 버는 방
법은 이외에도 여러 가지가 있습니다. 외국 기업과의 거래를 위해 외국

화폐를 사는 기업이나 개인의 외환 거래를 도와주고 수수료를 챙겨 돈을 벌기도 하지요.

주식 시장

모든 회사는 설립할 때 어느 정도의 비용이 들어갔는지, 어느 정도의 이윤을 올리는지, 경영에 들어가는 비용이 얼마나 되는지에 따라 기업의 가치가 결정됩니다. 이러한 기업의 가치를 금액으로 드러내 주는 것이 바로 **주식**입니다. 어떤 기업이 새로운 제품 생산 계획을 세우고, 제품을 생산할 공장을 세워야 한다고 가정해봅시다. 공장을 세우기 위해서는 돈

집중탐구 **채권: 특별 대출**

기업이나 정부와 같이 규모가 큰 조직은 아주 많은 자금이 필요할 때가 있다. 다른 기업체를 인수하거나 새로운 도로를 건설할 때 등이다. 하지만 많은 자금을 항상 은행으로부터 빌릴 수는 없다. 은행에서 돈을 빌릴 수 없을 때 기업과 정부는 채권을 발행한다. 채권이란 정부나 기업이 큰 돈을 빌리면서 일반인들에게 써주는 차용증 같은 문서다. 다시 말해 정부에서 발행한 채권을 산 투자자들은 정부에게 돈을 빌려주는 것과 마찬가지다. 일정한 시간이 흐른 뒤 정부는 빌린 자금 총액에 이자를 더해 갚는다. 채권의 이자율은 주식의 이자율보다는 낮다. 그렇지만 시장 가격에 영향을 받아 재산을 날릴 수도 있는 주식과는 달리 채권은 시장 상황과 상관없이 돈을 되돌려 받을 수 있어 덜 위험하다.

이 필요하지요. 기업의 경영자는 공장을 건설할 돈을 마련하기 위해 기업의 주식을 다른 사람에게 팔 수 있습니다. 이 주식을 산 주주들은 자신들이 가진 주식의 양만큼 그 기업에 대한 소유권을 가지게 됩니다. 또 주식을 보유한 사람들은 기업이 벌어들인 매출 중 일정 부분을 배당금으로 받습니다.

기업의 주식 가격은 여러 가지 요소에 따라 늘 변합니다. 기업의 사업 확장, 정부의 세금 정책 변경, 석유 같은 원자재 가격의 변동은 주가에 큰 영향을 미치지요. 투자자들은 낮은 주가에 주식을 샀다가 주가가 오를 때 주식을 팔아 돈을 벌 수 있습니다. 이것을 주식 거래라 하고 주식 거래가 일어나는 곳이 주식 시장입니다. 주식 시장에서는 수많은 기업의 주식이 거래되고 있지요. 현재 전 세계에는 런던 증권 거래소, 뉴욕 증권 거래소 등 수많은 주식 시장이 운영되고 있습니다.

간추려 보기

- 생산의 대상이 되는 것을 상품이라 부른다. 다이아몬드나 물과 같이 가공되지 않은 천연 자원부터 토지, 농작물, 공산품 등에 이르기까지 다양한 것들이 상품이 될 수 있다.
- 무역은 어떤 상품을 다른 나라에 내다파는 수출과 다른 나라에서 생산된 상품을 국내에 들여오는 수입을 포함하는 개념이다. 세계 각국은 다른 나라 시장에서 더 많은 상품을 팔기 위해 각자의 조건에서 최상의 상품을 만들어 거래하고자 노력한다.

3
CHAPTER

누가 글로벌 경제를
움직일까요?

생산에 필요한 자본금부터 무역이나 국제 원조 등에 들어가는 자금까지 전 세계의 금융 산업은 각 나라의 경제를 좌우할 힘을 지니고 있지요. 그렇다면 금융 산업은 어떤 주체들이 이끌어 갈까요? 우선 각 나라에는 우리나라의 한국은행과 같은 중앙은행이 있는데요. 나라별로 중앙은행은 외환 거래를 조절하고 화폐를 얼마나 찍어낼지 결정하는 등 중요한 역할을 합니다.

화된 국제기구입니다. 국제 통화 기금은 각기 다른 화폐 사이의 환율 조정을 도와주고, 각 국가의 재정 상황을 안정시켜 국제 무역을 촉진하는 역할을 하지요. 또 회원국이 재정적으로 어려움을 겪을 때는 돈을 빌려주기도 합니다. 이런 이유로 국제 통화 기금은 개발 도상국에 개발 자금을 빌려주는 역할을 하는 세계은행과도 긴밀히 관계를 맺고 있습니다.

국제기구의 문제점

국제 통화 기금과 세계은행의 활동은 항상 논란이 되어 왔습니다. 원래 이 기구들이 돈을 모아 대출해 주는 이유는 자유 무역을 촉진하기 위해서입니다. 국제 통화 기금은 주로 천연 자원 채굴 산업이나 수출 산업에 돈을 빌려주지요. 그런데 돈을 빌려주면서 식량이나 연료 산업에 대한 정부 보조금을 중단할 것을 조건으로 내세웁니다. 정부 보조금이 중단되면 그 산업 분야에서 상품을 제조할 때 들어가는 비용이 비싸지고, 결과적으로 다른 나라의 수입품이 그 나라에서 판매될 때 유리합니다. 때로 국제 통화 기금은 돈을 빌려주는 국가에 수자원 사업이나 에너지 공급 사업에 대한 정부의 개입을 줄이라는 요구를 하기도 합니다. 개인이나 외국계 기업이 투자하기 쉽게 말이지요. 이러한 요구 때문에 돈을 빌린 나라가 국제기구에 경제적으로 지나치게 의존하게 된다고 주장하는 사람들이 늘고 있습니다. 게다가 국제기구가 빌려주는 돈에 대한 이자가 너무 높아서, 돈을 빌린 나라들이 오히려 빚에 허덕여 자국 경제에 투자할 돈조차 부족해지는 현상도 나타나고 있지요.

글로벌 경제와 정부

이 세상 모든 정부는 자신들의 나라가 세계 경제 속에서 성공해 더 부강해지기를 원합니다. 특히 민주주의 국가의 경우, 정부가 경제 분야에서 실패하면 다음 선거에서 권력을 잃을 가능성이 크기 때문에 더 그렇지요. 정부가 국제 무역을 활성화하는 가장 간단한 방법은 다른 나라들과의 접촉을 통해 수출 활로를 만드는 것입니다. 2010년 11월 데이비드 캐머런 영국 총리가 무역대표단을 이끌고 인도를 처음으로 공식 방문했습니다. 캐머런 총리는 인도를 방문한 자리에서 영국은 인도의 '파트너'가 되기를 원한다고 말했습니다. 당시 인도가 영국의 경제 파트너가 되어 준다면 영국은 더 많은 일자리를 만들어 낼 수 있었지요. 그 보답으로 영국 정부는 최초로 자신들의 핵기술을 인도에 수출할 것이라고 선언하기도 했어요.

지리적으로 인접해 있으며 정치 · 경제적으로 상호 의존도가 높은 국가들은 공동의 이익을 위해 경제 블록을 만들기도 합니다. 2015년 8월 현재 28개 회원국으로 이루어진 유럽 연합은 세계에서 가장 큰 경제 블록으로, 유럽 연합 회원국은 대체로 '유로'라는 단일 화폐를 사용합니다. 유럽 연합은 자유 무역에 관한 법안을 만들거나 회원국의 산업이 성장할 수 있도록 투자금을 유치하는 등 강력한 경제적 힘을 발휘하지요. 그런데 이러한 경제 블록은 비단 유럽에만 있는 것이 아닙니다. 북미 자유 무역 협정(NAFTA, North America Free Trade Association)은 유럽 연합과 비슷한 역할을 하는 경제 블록으로 매우 큰 규모의 협정이지요. 캐나다, 멕시코, 미국이 회원국으로 이 나라들 사이에서는 무역 장벽이 거의 없습니다. 세계에는 이와 비슷한 경제 블록들이 여러 개 존재합니다.

▌2011년 북미 자유 무역 협정 모임에서 만난 캐나다, 멕시코, 미국의 대표자들.

사례탐구 아시아의 네 마리 용

1960년대 한국, 대만, 홍콩, 싱가포르 네 나라 정부는 자국의 경제 발전을 위해 서로 협력했다. 또 이들 정부는 영국 등 고도로 산업화된 선진국으로부터 투자를 유치해 산업을 확장했다. 이들은 의류 산업부터 자동차 산업에 이르기까지 제조업을 중심으로 자국의 산업을 육성하기를 원했다. 특히 이들 아시아 국가는 값싼 노동력으로 더 싼 상품을 생산할 수 있는 조건을 가지고 있었기 때문에 선진국의 투자 유치에 유리했다. 선진국은 이러한 투자로 이윤을 얻을 수 있었다. 선진국들의 투자를 유치한 이들 나라는 새로운 제품을 만드는 데 필요한 직업 교육, 직업 훈련, 시장 조사를 시행할 수 있었고, 노동자들의 작업 능률을 향상시킬 수 있었다.

당시 네 나라는 다른 나라의 물건에 대한 수요가 적었기 때문에 얼마 지나지 않아 수출량이 수입량을 앞질렀고 그 결과 이들 나라는 크게 부유해졌다. 지난 30여 년 동안 한국, 대만, 홍콩, 싱가포르는 평균 6퍼센트의 경제 성장을 이루었고 특히 한국의 평균 자산은 이 기간 6배로 늘어났다. 눈부신 경제 성장을 바탕으로 이 네 나라는 아시아의 네 마리 용이라는 별명을 얻었다.

하지만 1990년대 말, 아시아의 네 마리 용은 그 운을 다하게 된다. 금융 기관들이 정부에 돈을 빌려주기보다 개인이나 기업에 돈을 빌려주는 것을 선호하기 시작한 것이다. 투자자들은 산업 대신 부동산과 주식에 투자하기 시작했다. 그러던 어느 날 부동산 가격이 곤두박질쳤고, 투자자들은 투자한 곳에서 자금을 회수하기 시작했다. 그리고 곧 이것이 불황으로 이어졌다. 그 뒤로 서비스업과 전자 산업에서 다시 힘을 얻은 네 마리 용은 조금씩 경제적으로 회복되기 시작했으나 그것도 잠시, 인도와 중국 등 다른 아시아 국가들의 경제 규모가 커지면서 아시아의 네 마리 용의 위세가 많이 꺾인 것이 현재의 상황이다.

정부 원조

가난한 나라는 자연 재해가 발생하거나, 흉년이 들거나, 정치적 분쟁이 발생하면 흔히 식량 부족을 겪게 됩니다. 기아에 허덕이는 사람이 속출하고 많은 이가 보금자리조차 잃게 되지요. 이럴 때 가난한 나라 정부는 국민에게 꼭 필요한 기본적인 공공 서비스조차 제공할 수 없어집니다.

정부 원조란 부유한 나라 정부가 이러한 곤경에 빠진 가난한 나라를 돕는 일을 말합니다. 정부 원조에는 당장 시급히 필요한 식량을 제공하는 등의 직접적인 도움을 주는 긴급 원조와, 농사를 지을 수 있게 농기구를 준다거나 건물을 지을 수 있는 기술을 가르쳐주는 등의 간접적인 도

▍미국 정부는 2010년 파키스탄에서 발생한 홍수로 피해를 본 사람에게 식량 원조를 했다.

움을 주는 장기 원조가 있지요.

정부 원조는 대출금처럼 나중에 갚아야 하는 것이라기보다는 일종의 기부라고 보면 됩니다. 하지만 이것을 단지 부유한 나라의 자선이라고 보기에는 그 성격이 약간 다릅니다. 예를 들어 설명해 볼까요? 어떤 정부가 가난한 나라에 원조하기 위해 농업용수를 공급할 댐을 지어주기로 합니다. 그런데 이 경우 대개 조건이 붙습니다. 자기 나라의 기업이 댐을 지어야 하며, 자기 나라 노동자들이 자기 나라의 건설 장비를 가지고 참여해야 한다는 것이 바로 그 조건이지요. 그동안 아프리카에서 미국 정부가 시행한 정부 원조의 약 80퍼센트가 이러한 조건을 걸고 이루어졌으며, 이렇게 되면 애초에 정부 원조 혜택은 아프리카가 아닌 미국 건설사들에게 돌아가게 됩니다.

금융 산업

금융 산업은 글로벌 경제의 여러 분야에서 돈의 흐름을 조절하고 통제합니다. 금융 산업의 손이 미치지 않는 곳이 없을 정도지요. 생산에 필요한 자본금부터 무역이나 국제 원조 등에 들어가는 자금까지 전 세계의 금융 산업은 각 나라의 경제를 좌우할 힘을 지니고 있지요. 그렇다면 금융 산업은 어떤 주체들이 이끌어 갈까요? 우선 각 나라에는 우리나라의 한국은행과 같은 중앙은행이 있는데요. 나라별로 중앙은행은 외환 거래를 조절하고 화폐를 얼마나 찍어낼지 결정하는 등 중요한 역할을 합니다. 반면, 어느 나라에나 흔히 있는 보통 은행이나 신용 조합은 주로 사람들이 저축한 돈을 맡아두고, 그 돈을 대출하길 원하는 사람에게 빌려주는 역할을 하지요.

　은행 중에는 주로 채권과 주식 거래를 하면서 기업들을 사들여 서로 합병하는 투자 은행도 있어요. 투자 은행은 연금 펀드나 헤지 펀드에 투자해 이익을 내기 때문에 펀드 투자와도 밀접한 관련이 있지요. 이러한 사설 투자 은행들은 공격적으로 투자를 하기 때문에 시중 은행보다 돈을 잃을 위험 부담이 훨씬 더 큽니다. 펀드 투자 은행의 투자 실패 때문에 글로벌 경제 위기가 야기되었다고 믿는 사람도 매우 많지요.

글로벌 비즈니스

　한 나라에 본사를 두고 여러 나라에 지사를 열어 생산하고 판매하는 기업을 다국적 기업이라고 부릅니다. 우리가 잘 아는 존슨앤존슨은 대표

집중탐구 **분산 투자**

　헤지 펀드는 돈을 벌 수 있는 것이라면 어떤 것이라도 거래한다. 헤지 펀드의 몇몇 파생 금융 상품은 미래의 가치만을 보고 투자하는 일종의 도박이다. 예를 들어 코코아 원가가 오를 것이라 예상해 코코아 콩을 사들이는 헤지 펀드가 있다. 코코아 콩 가격이 오를 때 콩을 팔아 차익이 생기면 펀드를 산 사람도 이익을 남길 수 있는 상품이다. 그러나 코코아 콩 가격이 내려갈 경우에는 어떻게 할까? 헤지 펀드는 돈을 잃는 것에 대비해 다른 금융 상품에도 일정 부분 자금을 투자한다. 이를 분산 투자라고 부르며, 위험에 대비해 금융사가 자신들을 보호할 수 있는 한 가지 방법이다.

적인 다국적 기업이지요. 미국에 본사를 둔 존슨앤존슨은 약 60여개 나라에 250개의 지사를 보유하고 있으며, 콘택트렌즈, 인공 관절에서부터 베이비파우더에 이르기까지 수많은 종류의 제품을 만들어내고 있지요. 의류회사인 갭(Gap) 역시 미국에 본사가 있는 다국적 기업입니다. 갭은 전 세계에 3,200여개에 달하는 공장을 세우고 옷감을 생산하고 있어요.

세계 경영자들이 다국적 기업을 경영하는 이유는 이윤을 많이 남길 수 있기 때문입니다. 임금이 싼 나라에 공장을 세우고 상품을 생산하면

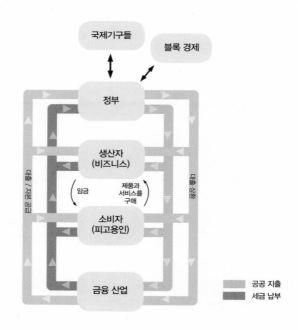

| 이 도표는 글로벌 경제의 각 주체가 어떻게 서로 연결되어 있는지를 보여준다.

절감된 임금만큼 이익이 늘어나지요. 이들 다국적 기업은 이윤을 늘리기 위해 세금을 면제받는 특별 구역인 수출 자유 지역에서 기업 활동을 하기도 합니다. 이외에도 다른 나라에 지사를 세우면 그 나라의 전문 인력을 활용해 사업을 경영할 수 있다는 장점도 있습니다.

영국 통신 회사 BT의 고객 상담 센터는 인도에 있습니다. 인도에는 영국보다 낮은 임금으로 채용할 수 있는 고급 인력이 풍부하기 때문에 BT는 고객 상담 센터를 인도에 설립했어요. 그런데 인도 정부에게도 다국적 기업은 매력적인 대상입니다. 다국적 기업을 유치함으로써 인도 기업보다 임금이나 복지가 나은 양질의 일자리를 확보할 수 있는 장점이 있기 때문이지요.

글로벌 경제에서 어떤 나라가 다국적 기업을 위해 싼 노동력을 제공하면 이렇게 이득을 보는 경우도 있지요. 그러나 다른 나라가 더 싼 임금으로 노동력을 제공할 경우나 수익성이 맞지 않는다고 판단할 경우 다국적 기업은 쉽게 등을 돌리는 경우가 많아요. 그렇게 되면 영국 통신 회사의 고객 상담 센터 운영에 인도가 투자한 사회 기반 시설이 맥없이 무너질 수 있다는 사실, 역시 간과하지 말아야 합니다.

사례탐구 유럽 연합과 남미의 바나나 전쟁

바나나는 전 세계 수출 작물 중에서 네 번째로 많이 거래되는 작물이다. 유럽 연합에 가입한 나라들은 도미니카와 세인트 빈센트 같은 카리브 해의 섬나라들에서 바나나를 수입한다. 이들 섬나라에는 주로 바나나를 키우는 작은 플랜테이션 농장이 많이 있는데, 과거 영국과 같은 나라들의 식민지일 때 설립된 농장이 대부분이다.

유럽과 달리 미국은 치키타 등 대기업이 소유한 대규모 플랜테이션에서 바나나를 수입한다. 치키타는 열대 과일을 판매하는 미국 회사로, 온두라스나 과테말라 같은 남미 국가들에 대규모 플랜테이션을 갖고 있다. 이렇게 남미의 대규모 플랜테이션 농장에서 생산되는 바나나는 비교적 소규모로 생산되는 카리브 해의 바나나보다 값이 더 쌀 수밖에 없다.

1990년대 초반, 유럽 연합은 남미에서 수입하는 바나나 물량을 제한했다. 작은 규모로 농사를 짓는 카리브 해 연안 국가들의 바나나 산업을 보호하기 위해서였다. 그런데 1997년, 세계 무역 기구가 흥미로운 결정을 내렸다. 유럽 연합들이 남미에서 생산되는 바나나의 수입량을 제한해서는 안 된다는 결정이었다. 사실 이러한 결정은 치키타와 같은 미국의 거대 기업이 미국 정치인들에게 로비를 하고, 그 정치인들이 다시 세계 무역 기구를 움직였기 때문에 나온 것이었다. 그런데 미국 정부는 왜 남미와 유럽 사이의 일에 끼어들었을까? 치키타는 남미에 대규모 플랜테이션을 짓고 수천 명의 노동자를 고용해 바나나를 생산하고 있지만 미국 오하이오 주에 본사를 둔 회사다. 게다가 치키타를 경영하는 칼 린드너는 미국 정부에 정치 자금을 후원하는 큰손이기도 하다. 이것은 글로벌 경제에서 기업이 정부에 어떤 영향을 미치는지 보여주는 분명한 사례다.

- 세계 무역 기구는 주로 회원국 간에 벌어지는 무역 분쟁을 해결하는 역할을 한다. 다수결의 원칙에 의해 중요한 사안을 결정하는 민주적인 의사 결정 구조를 가지고 있다. 하지만 다수결이 완전무결한 의사 결정 방식은 아니어서 미국, 중국, 인도와 같이 힘 있는 국가들이 다른 나라들의 의사 결정에 큰 영향을 미치는 경우가 많다.

- 국제 통화 기금(IMF)은 국가 간의 재정적인 협력을 이끌어 내는 데 특화된 국제기구다. 국제 통화 기금은 각기 다른 화폐 사이의 환율 조정을 도와주고, 각 국가의 재정 상황을 안정시켜 국제 무역을 촉진하는 역할을 한다.

- 금융 산업은 글로벌 경제의 여러 분야에서 돈의 흐름을 조절하고 통제한다. 생산에 필요한 자본금부터 무역이나 국제 원조 등에 들어가는 자금까지 전 세계의 금융 산업은 각 나라의 경제를 좌우할 힘을 지니고 있다.

세계적인 경제 위기는
어떻게 생길까요?

앞서 언급한 것처럼 글로벌 경제에서는 각 국가의 개별 경제가 서로 긴밀하게 연결되어 있어서 어느 한 곳에서 문제가 생기면 전 세계로 퍼지게 됩니다. 2008년 미국의 서브 프라임 모기지론 사태 때도 그러한 현상이 나타났지요. 미국의 불량 주택 담보 대출 채권에 투자했던 영국 은행들이 큰 손실을 입었습니다. 영국 정부는 파산 위기에 몰린 은행들을 구제하기 위해 370억 파운드(약 67조 9,153억 원)에 달하는 돈을 지출해야 했지요.

만약 여러분이 나이가 들어 연금을 받고 있다고 가정해 봅니다. 연금을 받기 위해서는 우선 연금 보험에 가입하고, 열심히 일해서 번 돈의 일부를 매달 보험사에 내야 합니다. 그러면 나중에 나이가 들어 일할 수 없을 때 매월 일정 금액의 돈을 월급처럼 받을 수 있지요. 연금 보험사는 연금을 지급하기 위해 가입자들이 낸 돈을 전 세계 기업에 투자합니다. 그로써 우리가 내는 보험료가 아프리카의 구리 광산에서부터 독일에 있는 슈퍼마켓까지, 전 세계의 경제 단위들에 투자되지요. 광업이건 슈퍼마켓 유통업이건 금융권에서 대출을 받아 경영을 해나가는 것은 오늘날 세계적인 흐름이기도 합니다. 세계를 가로질러 금융 산업과 기업, 정부, 개인들이 상호 교류해 나가는 일. 그것은 오늘날 금융 산업 분야에 긍정적인 영향과 부정적인 영향을 동시에 주고 있습니다.

글로벌 경제의 긍정적 영향

글로벌 경제는 장점이 아주 많습니다. 우선 경제적으로 빈곤한 국가들에게는 외국과의 무역을 통해 더 많은 이윤을 창출하고 나라를 풍족하게 만들 수 있는 기회를 제공하지요. 과거에 방글라데시는 주로 농산물을 생산해 수출하는 데만 의존하던 나라였습니다. 그러나 방글라데시는 의류 산업을 집중적으로 육성했고, 외국과의 활발한 무역을 통해 현재 세계 최대 의류 수출국으로 성장했어요.

글로벌 경제를 통해 외국인 자본이 수출 산업에 투자되면 그만큼 일자리가 늘어납니다. 또한 **사회 기반 시설**의 확충이나 다른 산업의 발전에도 큰 도움이 되지요. 브라질의 광산 회사 베일은 모잠비크의 잠베지 계곡에 수백만 달러를 투자하고 있습니다. 아직 개발되지 않은 광산을 개발해 이익을 얻기 위해서지요. 브라질 광산 회사의 투자로 석탄을 수출

▌글로벌 경제의 발달로 벤틀리 같은 고급 차가 모스크바 등 세계 곳곳에서 판매된다.

사례탐구 몰디브

몰디브는 인도양 중북부에 있는 섬나라다. 2015년 세계 국내 총생산 순위 158위로 매우 가난한 나라에 속한다. 원래 몰디브는 농지가 부족하고 자원도 거의 없어 산업이 발달하지 못한 나라였다. 그 때문에 자연히 글로벌 경제에 쉽게 편입될 수 없었고, 몰디브는 독자적인 경제를 만들어 가기 위해 꽤 힘든 시간을 보내야 했다.

하지만 오늘날 몰디브는 수산업과 관광 산업을 국가 핵심 산업으로 발달시켰으며, 이 두 산업은 모두 글로벌 경제에 의존하고 있다.

원래 몰디브에서 고기잡이는 전통적으로 소규모로 이루어져 왔고 그 생산량이 주로 몰디브 안에서만 소비되었다. 그러나 최근 수산업의 규모가 커지면서 몰디브는 외화의 대부분을 수산물의 수출로 벌어들이고 있다. 몰디브가 주로 수출하는 수산물은 값비싼 참치다. 몰디브 산 참치는 잡자마자 냉동고가 있는 배에 실어 수출하거나 통조림, 건조 참치 등 다양한 형태로 가공해 수출한다.

몰디브의 관광 산업은 수산업만큼이나 중요한 핵심 산업이다. 몰디브 노동자의 약 40퍼센트가 바로 이 관광 산업에 종사하고 있다. 관광업 관련 분야는 몰디브 국내 총생산의 약 3분의 1가량을 차지하며, 외환 거래의 3분의 2를 차지한다. 몰디브의 관광 산업은 말레 섬에 리조트가 처음으로 문을 연 1972년 시작되었다. 1981년 첫 국제공항이 건설되면서 관광 산업은 더욱 성장하였고, 몰디브 정부는 외국인 투자를 적극적으로 유치했다. 그 뒤로 2010년까지 매년 몰디브를 찾는 관광객 수는 늘어나 연평균 방문객이 60만 명을 넘어섰다.

하기 위한 항구가 만들어졌으며, 잠베지 계곡까지 연결되는 철도도 건설되었습니다. 철도와 항구가 건설되면서 잠베지 계곡 주변 마을은 더 발전했지요. 그전까지 모잠비크는 국내 총생산이 너무 낮아 기업들이 투자를 꺼리던 곳이었습니다. 하지만 잠베지 지역의 개발이 성공하면서 세계 각국의 기업이 모잠비크에 투자하게 되었습니다.

글로벌 경제의 부정적 영향

글로벌 경제가 긍정적인 영향만 끼치는 것은 아닙니다. 각 나라를 하나로 엮는 글로벌 경제의 특성이 오히려 전 세계를 불황으로 몰고 갈 때

▌ 굳게 닫힌 가게 문은 지역 경제가 어려움에 처해 있음을 상징적으로 보여준다.

도 있어요. 특히 세계 경제 전체가 한 나라의 경제 상황에 의존하는 경우, 만약 그 나라가 불황을 겪으면 전 세계가 휘청거리게 되지요. 2004년 인도양에서 발생한 해일은 태국, 몰디브 등지의 관광 시설을 파괴했습니다. 많은 여행객들이 예약을 취소했고 이 지역 국가들의 관광 산업은 큰 타격을 입었지요. 특히 몰디브의 경우, 2004년~2005년에 관광 산업 수입이 1억 1,400만 파운드(약 2,092억 원) 줄어들었는데, 이는 몰디브 국내 총생산의 10분의 1에 해당할 정도로 큰 액수입니다.

어떤 산업의 실패는 그 산업과 연관된 다른 산업에 문제를 일으킬 수 있습니다. 1980~1990년대에 영국의 석탄 광산이 대부분 문을 닫았습니다. 영국의 발전소들이 오스트레일리아 같은 나라에서 생산한 값싼 석탄을 사용하기 시작했기 때문입니다. 영국 광부들이 일자리를 잃으면서, 광산 근처에서 번성하던 자동차 매장뿐 아니라 부동산 중개업소까지 문을 닫았지요.

전문가 의견

국제 통화 기금과 세계은행은 노동자의 월급을 깎고, 노동자를 해고하고, 자국민이 필요로 하는 상품을 만드는 대신 수출을 위한 상품을 만들게 하고, 공공 시설물과 서비스를 민영화하라고 요구한다. 그리고 이런 정책들을 '경제 개혁'이라고 미화한다.

– 로버트 네이먼 영국 경제 정책 연구소 부소장

글로벌 경제에 미치는 외부 영향

앞서 살펴본 것처럼 글로벌 경제는 국제기구, 각국 정부와 기업, 금융 산업에 의해 좌우됩니다. 그런데 때로는 그들의 행동에 따라오는 외부적 요인이 글로벌 경제에 영향을 미치기도 합니다. 이를테면 은행은 경우에 따라 갚을 능력이 없는 사람에게까지 낮은 **금리**로 돈을 빌려줍니다. 단지 수익을 얻기 위해서 말입니다. 과거 세계은행도 수익만을 추구하다 기소당한 일이 있습니다. 당시 세계은행은 실질적으로 사람들에게 별로 도움이 되지 않는 개발 사업에 돈을 빌려주었지요. 어마어마한 자금이 들어가는 수력 발전용 댐을 건설하는 데 돈을 빌려준다거나, 물이 부족한 지역에서 농업 관련 사업을 하려는 기업에 돈을 빌려주는 등 수익에만 초점을 맞추다가 세계은행은 큰 곤란에 처했습니다. 그리고 그 여파는 세계 경제에 고스란히 부담으로 작용했지요.

다른 예를 들어볼까요? 원유나 식품 등의 생활필수품은 세계 주식 시장에서 늘 거래되며, 이것들의 거래 가격 역시 유동적으로 변합니다. 지역 또는 개별 국가의 경제 상황에 따라서 생활필수품들의 주가는 천차만별로 달라지지요. 아프리카 남동쪽에 위치한 섬나라 마다가스카르의 주요 수출 작물은 바닐라입니다. 2000년 마다가스카르에는 큰 태풍이 불어 닥쳤습니다. 마다가스카르의 바닐라 농장들은 큰 피해를 입었지요. 주식 거래인들은 세계 바닐라 공급량이 줄어 바닐라가 구하기 힘들어지고, 결국 바닐라의 주가가 급격히 오를 것이라고 예상했습니다. 이 사실을 들은 사람들은 마다가스카르뿐 아니라, 우간다, 인도, 인도네시아 등지에서 너도나도 바닐라를 재배하기 시작했지요. 그 결과 바닐라 공급은 예상과 달리 너무 많이 증가했어요. 바닐라의 가격은 오히려 98퍼센트나 곤두박질쳤습니다. 몇몇 바닐라 재배 농가들은 바닐라 농사를 짓기 위해 빌린 대출금을 갚을 수가 없어 **파산**하고 말았습니다.

세계적인 경제 위기의 시작

2007년 2월, 미국 은행들이 주택 시장에서 커다란 재정적 손실을 보면서 전 세계적인 글로벌 경제 위기가 시작되었습니다. 각 나라의 주요 금융 회사와 은행들이 파산했고, 정부로부터 지원을 받은 기업이나 은행들만 겨우 구제받을 수 있었지요. 심지어 경제를 살리기 위해 다른 국가나 국제기구에게서 돈을 빌려야 하는 나라도 있었습니다.

1990년대 미국의 건설 산업은 되도록 많은 주택을 지으며 그 수익으로 성장했습니다. 금융 산업은 사람들에게 그 주택을 살 돈을 빌려주고 건설 산업과 함께 성장했지요. 건설 산업이 성장함에 따라 주택의 가격은 계속 올랐습니다. 주택의 가격이 올랐다는 것은 집을 사고 싶으면 더 많은 대출을 받아야 한다는 뜻이었지요.

하지만 은행은 보통 신용 등급을 기준으로 돈을 빌려줍니다. 신용 등급이란 돈을 빌리려는 사람 혹은 기업이 과거에 부채를 얼마나 잘 갚았는지, 돈을 얼마나 버는지 등의 정보에 기초해 미래에 부채를 얼마나 잘 갚을 수 있는지를 판단하는 기준이지요. 신용 등급이 낮으면 돈을 빌리기 힘듭니다. 그런데 금융 위기가 시작되기 전, 많은 은행이 신용 등급이 낮아 주택 담보 대출을 받을 수 없는 사람들에게까지 마구잡이로 대출을 해주었습니다. 이것이 서브 프라임 모기지(불량 주택 담보 대출)사태의 시작이었습니다. 그런데 왜 은행들은 신용 등급이 낮은 사람들에게까지 돈을 빌려주었을까요?

은행은 기본적으로 대출 상품을 팔기만 할 뿐, 대출에 따른 경제적인 위험은 고객이 감당해야 합니다. 은행은 돈이 필요할 때 은행 기금에서 돈을 빌리기보다는 은행이 가지고 있는 주택 채권을 투자 은행이나 헤지 펀드에 팔아 돈을 마련합니다. 은행으로부터 채권을 산 투자자들은 채권 시장에 채권을 팔아 돈을 벌게 되지요. 은행은 대출 상품을 판매한 사람들로부터는 대출 이자와 상환금을 받아 이익을 얻고, 주택 채권 투자자들에게선 채권 수수료를 받아 이익을 얻습니다. 결국 은행은 어떻게든 수익을 낼 수 있었던 셈이지요. 은행들은 더 많은 돈을 벌기 위해 주택 담보 대출 상품을 신용 등급이 낮은 사람들에게까지 판매했습니다.

은행은 처음에 돈을 빌려주고 얼마간은 상환금을 조금씩만 갚도록 해 많은 사람이 불량 주택 담보 대출을 받도록 유도했습니다. 하지만 대출 기간이 길어질수록 고객들이 은행에 갚아야 할 금액이 커졌기 때문에 많은 사람이 상환금을 감당할 수 없었습니다. 그러자 은행은 고객들에게 대출 금액 전체를 갚도록 요구했어요. 대부분의 고객은 대출 금액 전체를 갚을 수 없었기 때문에 자신의 집을 은행에 빼앗기고 말았습니다.

사태의 심화

대출금으로 구입한 주택들이 이와 같이 은행 손에 넘어가면서 많은 주택이 시장에 매물로 나왔습니다. 공급이 늘어나자 시중 주택 가격은 자연스럽게 내려갔지요. 은행들은 주택 담보 대출 고객에게 빌려준 돈을 돌려받지 못한 데다, 집값이 폭락했기 때문에 빌려준 돈을 제대로 회수할 수 없었어요. 점점 가진 돈이 부족해졌지요. 하지만 자신들에게서 주택 채권을 산 투자자들에게는 돈을 갚아야만 했습니다. 결국 은행에 돈이 바닥나기 시작했습니다.

2008년 결국 세계적 거대 투자은행인 리먼 브라더스가 파산했습니다. 미국 최대의 주택 담보 대출 업체인 파니 매와 몇몇 금융 기관들만 가까스로 살아남았지요. 미국 정부가 이 업체들에게 긴급 구제를 위한 지원금을 빌려주어서 겨우 도산을 면했어요. 당시 미국 의회는 파산 직전에 몰린 은행들을 구하기 위해 7,000억 달러(약 82조 9,010억 원)를 지원했습니다. 정부가 돈을 빌려주지 않으면 은행들이 줄도산 할 것이 너무나 자명했기 때문이었어요. 만약 은행들이 줄도산 했다면 외국인 투자자들이 미국 경제에 대한 신뢰를 잃고 자금을 빌려주지 않았을 것이고, 달러의 환율 가치가 곤두박질쳤겠지요.

경제 위기의 세계화

앞서 언급한 것처럼 글로벌 경제에서는 각 국가의 개별 경제가 서로 긴밀하게 연결되어 있어서 어느 한 곳에서 문제가 생기면 여파가 전 세계로 퍼지게 됩니다. 2008년 미국의 서브 프라임 모기지 사태 때도 그러한 현상이 나타났지요. 미국의 불량 주택 담보 대출 채권에 투자했던 영국 은행들이 큰 손실을 입었습니다. 영국 정부는 파산 위기에 몰린 은행들을 구제하기 위해 370억 파운드(약 67조 9,153억 원)에 달하는 돈을 지출해야 했지요. 그런데 이것은 비단 영국만의 문제가 아니었어요. 2008년부터 2009년까지 약 1년여의 기간 동안 대다수 유럽 연합 국가들은 자국 은행을 구제하기 위해 영국과 비슷한 조치를 취해야만 했지요.

상황이 이렇게 되자 각국 정부와 투자 은행들은 해외에 원조하거나 투자할 자금을 구할 수 없었습니다. 실제로 2007년부터 2008년까지 인도 정부가 해외에 투자한 금액은 125억 파운드(약 22조 9,443억 원)였는데, 이듬해부터는 약 70억 파운드(약 12조 8,488억 원)로 줄어들었지요.

가장 큰 문제는 세계적으로 상품과 서비스에 대한 수요가 크게 줄어든 점이었습니다. 주택 대출 갚느라 사람들에게는 상품이나 서비스를 살 돈이 없었고, 낮아진 신용 등급 때문에 돈을 빌릴 곳조차 없었지요. 이런 상황은 원유 가격이 올라가는 등 다른 외부 요인에 의해 더 나빠졌어요. 단지 교통수단에 필요한 연료 값만 오른 것이 아니라 식품과 같은 생활필수품을 운송하는 비용도 비싸졌기 때문에 물가는 오르고 살기는 점점 힘들어졌습니다. 결과적으로 경제 전반이 침체기를 맞고 말았지요. 세계 주식시장의 주가가 일제히 무너져 내린 것은 물론이고요.

신용 대출의 위기

서브 프라임 모기지 사태를 겪은 뒤 은행들은 대출을 꺼리게 되었습니다. 은행이 고객에게서 대출금을 돌려받지 못하는 경우가 늘어났기 때문이었지요. 사람들은 이러한 현상을 신용 경색이라고 불렀습니다. 신용 경색이란 은행이 대출을 해주지 않아 개인이나 기업이 경제적인 어려움을 겪는 현상을 가리키는 말입니다. 서브 프라임 모기지 사태가 터진 뒤 신용 경색은 사회 각 분야에 영향을 미쳤지요. 개인은 담보 대출을 받기 어려워졌고 정부는 중앙은행에 자금을 확보하기 위해 국민에게서 더 많은 세금을 거둬야만 했습니다. 기업들 역시 사업을 확장하거나 원료를 사는 데 필요한 돈을 대출하기 어려워졌지요.

대출금으로 경제 성장을 이루려고 했던 나라들은 더 가혹한 어려움을 겪었습니다. 그리스 정부는 **공공 부문** 일자리를 확대하고 사회 기반 시설을 개선하기 위해, 무엇보다 2004년 올림픽을 성공적으로 개최하기 위해 이곳 저곳에서 많은 돈을 빌렸습니다. 그러나 경제 위기가 닥쳤는데도 그리스 지도층은 부정부패에 쩔어 세금을 제대로 내는 사람조차 별로 없었지요. 그리스는 빚을 갚는 데 어려움을 겪을 수밖에 없었습니다. 그리스의 신용 등급이 떨어지면서 투자자들은 그리스에 돈을 빌려주지 않았고, 그리스의 빚은 3,000억 유로(약 402조 6,090억 원)에 육박하게 되었지요.

유럽 연합과 국제 통화 기금은 그리스에 긴급 구제 지원을 약속했습니다. 그리스 정부는 긴급 구제 지원으로 빌린 돈을 3년 이내에 갚는다는 약속을 지키기 위해 **긴축 재정**을 선언하고 정부 지출을 줄이는 정책

▌ 2011년 2월 긴축 재정 조치에 반대하는 그리스 시민들이 거리를 점거하고 항의집회를 열고 있다.

을 폈습니다. 이 정책으로 인해 세금이 올랐고 공무원의 임금이 동결되었습니다. 심지어 그리스는 작은 섬까지 팔아야 했습니다. 그리스 정부의 이러한 정책이 계속되자, 그리스 국민은 정부에 거세게 항의하기 시작했지요. 이러한 그리스의 경제적 어려움이 방아쇠가 되어 유럽 연합 전체가 문제를 겪기 시작했지요. 얼마 있지 않아 유럽에서 가장 빠른 경제 성장을 이룩했던 아일랜드 역시 그리스처럼 긴급 구제 대책을 마련해야만 했습니다.

- 각 나라를 하나로 엮는 글로벌 경제의 특성이 오히려 전 세계를 불황으로 몰고 갈 때도 있다. 특히 세계 경제 전체가 한 나라의 경제 상황에 의존하는 경우, 만약 그 나라가 불황을 겪으면 전 세계가 휘청거리게 된다.
- 글로벌 경제에서는 각 국가의 개별 경제가 서로 긴밀하게 연결되어 있어서 어느 한 곳에서 문제가 생기면 전 세계로 퍼지게 된다. 2008년 미국의 서브 프라임 모기지론 사태 때도 그러한 현상이 나타났다. 미국의 불량 주택 담보 대출 채권에 투자했던 영국 은행들이 큰 손실을 입었다. 영국 정부는 파산 위기에 몰린 은행들을 구제하기 위해 370억 파운드(약 67조 9,153억 원)에 달하는 돈을 지출해야 했다. 그런데 이것은 비단 영국만의 문제가 아니었다. 2008년부터 2009년까지 약 1년여의 기간 동안 대다수 유럽 연합 국가들은 자국 은행을 구제하기 위해 영국과 비슷한 조치를 취해야만 했다.

글로벌 경제가 불러온
국제 사회의 문제들

다국적 기업들은 저개발 국가에 공장을 짓고 이곳 노동자들에게 겨우 먹고살 수 있
을 정도의 적은 임금을 주어 생산에 드는 경비를 최소한으로 줄입니다. 또한 운영 경
비를 절약하기 위해 열악한 노동 환경을 그대로 내버려 두지요. 노동자들은 화장실에
갈 시간도 없이 오랜 시간 노동에 시달려야 합니다.

가까운 마트에 진열된 물건들이 어디서 수입됐는지 살펴본 적 있나요? 오늘날 우리는 세계적인 경제 교류 덕분에 세계 곳곳에서 생산된 물건들 속에 둘러싸여 살아갑니다. 예를 들어 고추는 중국, 인도를 비롯해 태국, 한국 등에서 널리 사용되는 식재료지요. 그런데 이 고추는 원래 남아메리카 지역에서 자라던 식물이었어요. 무역 거래가 전 세계를 이어주었기 때문에 많은 나라의 식문화가 바뀐 셈입니다.

국제적인 무역 거래는 생산자 사이의 가격 경쟁을 불러일으키기도 합니다. 무역의 규모가 커지면 남보다 더 싼 가격에 더 많은 물건을 팔고자 하는 생산자가 늘어나지요. 그 때문에 많은 나라에서 예전보다 훨씬 싼 가격에 텔레비전, 컴퓨터 등을 살 수 있게 되었어요. 그뿐만이 아닙니다. 국가 간 교류가 늘어나자 항공 노선이 전 세계로 확대되면서 해외여행이 더 쉬워졌지요. 업무 효율성도 높아졌어요. 미국과 유럽의 자동차 회사들은 일본과 같은 아시아 국가에 공장이나 업무 논의 기구를 세운 뒤로 생산성이 개선되고 이윤이 훨씬 늘어났지요.

글로벌 경제는 단순히 물건을 사고파는 일을 넘어 인류의 생활양식에 큰 변화를 가져왔습니다. 인터넷과 휴대 전화가 널리 보급되었고, 정보와 지식이 역사상 어떤 때보다 빨리 퍼지는 세상이 되었습니다. 세계 인구의 약 70퍼센트가 휴대 전화를 가지고 있고, 새로운 기술이 세상을 바꾸는 데 큰 역할을 하기도 해요. 2011년 튀니지와 이집트에서 발생한 반정부 시위는 페이스북과 트위터를 통해 퍼져나갔지요. 결국 통신 기술이 정권마저 교체한 셈입니다.

이렇듯 글로벌 경제에는 사람들이 더 나은 삶을 누리게 할 수 있는 힘이 있습니다. 이제껏 인류는 글로벌 경제 안에서 서로 교류함으로써 새

글로벌 경제는 기술의 확산을 촉진시켰다. 중국 남서 지방 사람들은 국제 무역으로 태양열 조리 기구를 많이 사용하게 되었다. 태양열 조리 기구가 확산되자 연료를 마련하는 데 들던 시간과 비용이 현격히 줄어들었다.

로운 문화를 창조해 왔어요. 새로운 산업이 탄생하고 그와 관련된 일자리가 생기는 등 글로벌 경제로 인해 인류의 삶의 질은 전반적으로 높아졌지요. 하지만 동시에 글로벌 경제는 많은 사람을 혼란 속에 빠뜨리기도 한답니다.

글로벌 경제와 노동 문제

글로벌 경제에는 여러 가지 부작용이 있지만 특히 노동자에게 부정적인 영향을 많이 줍니다. 글로벌 경제에서 이윤을 극대화하기 위해서는 다른 나라 기업보다 적은 비용으로 물건을 생산해서 더 많이 팔아야 합

인도의 성냥 공장은 대표적인 아동 노동 착취의 현장이며 이곳의 열악한 작업 환경은 값싼 제품을 원하는 글로벌 경제의 결과다.

니다. 그런데 값싼 물건을 대량으로 생산하기 위해서는 인간 노동력을 최소한으로 줄이는 값비싼 기계가 필요합니다. 그래서 대개 기업들은 값비싼 최첨단 기계를 마련하는 대신 노동자에게 들어가는 비용은 그만큼 줄이려고 합니다. 그런데 경제 성장을 열망하는 개발 도상국에는 적은 임금으로 부릴 수 있는 노동자가 많기 때문에 너도나도 저개발 국가에 공장을 짓는 추세지요.

다국적 기업들은 저개발 국가에 공장을 짓고 이곳 노동자들에게 겨우 먹고살 수 있을 정도의 적은 임금을 주어 생산에 드는 경비를 최소한으로 줄입니다. 또한 운영 경비를 절약하기 위해 열악한 노동 환경을 그대로 내버려 두지요. 노동자들은 화장실에 갈 시간도 없이 오랜 시간 노동에 시달려야 합니다. 연장 근무나 휴일 근무에 대한 추가 수당도 없이 위험한 환경에서 계속해서 일해야 하지요. 경우에 따라 보호 장비도 갖추지 못한 채 위험한 기계를 다뤄야 합니다. 이러한 공장을 노동 착취 공장, 이른바 스웻숍(sweatshop)이라고 합니다.

생각해 보기

글로벌 경제가 지금처럼 발달하기 전에는 멕시코, 인도, 중국 등 개발 도상국의 가난한 사람들은 일자리조차 구하기 어려웠다. 노동 환경이 열악해도 꾸준히 일할 수 있는 직장이 있는 것이 일자리가 없는 것보다 나을까? 스웻숍과 같은 악덕 기업에서 일하더라도 결국은 얻을 수 있는 이득이 무엇인가는 있다고 생각하는가, 아니면 그 반대인가?

1984년 12월 3일, 인도 보팔에서 최악의 산업 재해가 일어났다. 인도 보팔에 위치한 살충제 회사 유니언 카바이드의 공장에서 발생한 유독 가스 유출 사고가 바로 그것이다. 이 사고는 역사상 전례가 없이 규모가 큰 사고로 이때 유출된 유독 가스는 도시 전체를 뒤덮을 만큼 심각했고, 그 양은 약 45톤에 달했다고 한다.

사고가 일어난 뒤 약 3,500명이 그 자리에서 즉사했으며 수만 명의 사람이 살던 곳을 떠나야 했다. 그 뒤로 2만 명이 넘는 사람들이 후유증으로 사망했고, 수천 명이 호흡 곤란, 암, 실명 등 질병에 오랫동안 시달렸다. 모두 유독 가스를 마시거나 유독 가스에 오염된 물을 마신 사람들이었다. 가스 유출 사고가 일어난 이듬해 공장은 문을 닫았지만 이미 유독 물질은 토양으로 스며든 뒤였다.

인도 정부는 사고 발생 원인을 조사하기 시작했다. 조사 결과, 안전 규정을 제대로 지키지 않았기 때문에 가스 누출을 제때 발견할 수 없었다는 사실이 밝혀졌다. 인도의 재판부는 총액 4억 7,000만 달러(약 5,566억 2,100만 원)를 피해자와 그 가족에게 지급하라는 판결을 유니언 카바이드에게 내렸다.

하지만 그 돈은 억울하게 죽은 희생자의 가족과 후유증으로 고통 받는 희생자들을 위로하기에는 충분하지 못했다. 2010년 수년에 걸친 재판 끝에 공장 경영진 7명이 감옥형을 선고 받았다. 그러나 당시 미국에 거주했던 유니언 카바이드의 전 회장 워런 앤더슨은 형벌을 피하려고 재판이 열린 인도에 발걸음조차 하지 않았다.

이주민과 이주 노동

현재 세계 곳곳에는 약 2억 1,400만 명의 **이주민**이 존재하고 있습니다. 이주민들이 다른 나라에서 살기로 결정하는 이유는 참으로 다양하지요. 일부 이주민들은 정치적 혹은 종교적으로 박해를 받아서 이주하거나, 전쟁이나 내란을 피해 이주합니다. 하지만 대개는 더 나은 일자리를 찾아 고국을 떠나 다른 국가에 둥지를 튼 사람들이에요. 이들 이주 노동자는 자신이 번 돈 대부분을 고국에 있는 가족에게 보내는 경향이 있어요. 이 돈은 대체로 아주 적은 임금의 일자리조차 찾기 힘든 개발 도상국의 가난한 가정으로 보내져 그들의 생활에 큰 보탬이 되지요.

이처럼 이주민들은 이주 노동을 통해 원하는 만큼의 임금을 받아 가난한 가족을 부양할 수 있습니다. 그런데 이주 노동은 이주민에게만 도움이 되는 것이 아니라 이주민이 노동하며 살아가는 나라에도 큰 도움이 됩니다. 자국민이 기피하는 험한 일들을 이주민들이 낮은 임금을 받고 해주기 때문입니다. 건설 현장에서 건물을 짓는 노동자로 일하거나, 육아나 가사를 돕는 도우미로 일해 그 사회에 없어서는 안 될 필수적인 노동을 제공하지요.

그럼에도 각 나라 정부는 자국민의 일자리를 보호한다는 명목으로 이주민의 수를 법률로 제한합니다. 그런데 이주민의 수를 제한하면 불법으로 이주하는 사람들도 늘어납니다. 가난한 나라의 사람들은 어떻게든 생계를 꾸리려는 절박감으로 제도조차 무시하고 더 많은 임금을 주는 선진국으로 이주하려 드는 경우가 많아요. 실제로 미국과 국경을 맞대고 있는 멕시코에서는 매년 약 15만 명의 사람들이 트럭에 숨는 등의 불법적

▌ 시골에서 도시로 이주한 중국 노동자들이 자신이 할 수 있는 일을 적은 광고판을 들고 있다.

인 방법으로 국경을 넘어 미국에 밀입국합니다. 안타까운 점은 합법적인 방법으로 입국한 이주민이건 불법적인 방법으로 입국한 이주민이건 그들이 삶은 모두 힘들다는 점입니다. 고용주로부터 착취를 당하고, 언제 해고당할까 두려워하며, 현지인의 차별을 견디며 살아야 하는 점은 이주민이라면 누구나 겪는 부당함이지요.

세계 식품 산업의 이면

세계 수출 시장이 열렸다는 것은 해외 시장에서의 판매를 목적으로 농사를 짓는 더 전문적인 농업의 시대가 열렸다는 것을 의미합니다. 세계에서 가장 가난한 나라 가운데 하나인 아프리카 부르키나파소의 농부들은 최근 강낭콩을 재배하기 시작했습니다. 구매력이 큰 선진국들이 모여 있는 유럽에 콩을 수출하기 위해서입니다. 유럽은 겨울에 날씨가 무척 추워 콩을 기를 수 없는데, 따뜻한 지역에 사는 부르키나파소의 농부들은 바로 이 시기에 프랑스 등 유럽 국가에 판매하기 위한 강낭콩을 중점적으로 재배하지요.

그러나 이러한 농사 방식에는 큰 위험도 뒤따릅니다. 지나치게 한 품목에만 의존하기 때문에 콩 농사에 흉년이 들거나, 급작스런 사정으로 제때 유럽에 운송하지 못하면 작물이 모두 썩어서 막대한 손해를 볼 수밖에 없지요.

수출을 위해 농사를 짓는 농부들이 대개 그렇듯이, 부르키나파소의 농부들도 전 세계 다른 농부들과 경쟁해야 합니다. 그런데 선진국 정부가 자국 산업을 보호하기 위해 보조금 정책을 펼치면 심각하게 불리한 상황에서 경쟁해야 하기도 해요. 미국 정부는 자국 농부들이 옥수수를 값싸게 생산할 수 있게 보조금을 지원합니다. 보조금을 받아 생산된 옥수수는 소의 사료로 쓰이거나 옥수수 시럽을 만드는 재료로 사용되지요. 이렇게 생산된 미국산 옥수수는 많은 양이 멕시코에 수출됩니다. 멕시코에서는 옥수수를 주식으로 먹기 때문에 더 싼 가격에 옥수수를 구입하려는 사람들이 많아요. 미국 정부의 보조금을 받은 미국 농부들은 멕시코에서 생산되는 옥수수보다 훨씬 싼 가격으로 옥수수를 생산해 멕시코에 수출합니다. 이러한 것을 **덤핑**이라 부르지요. 1997년부터 2005년 사이에 미국의 옥수수 덤핑으로 인해 멕시코 농부들은 약 66억 달러(약 7조

2005년 타이의 낙농업자들이 정부가 보조금을 적게 지원하는 것에 항의해 우유를 쏟아버리고 있다. 정부 보조금을 충분히 받아야 수입산 우유와 경쟁할 수 있는 저렴한 우유를 생산할 수 있기 때문이었다.

8,163억 원)어치의 손해를 보았습니다.

수출을 위해 거대 농장을 경영하는 플랜테이션 농장 소유주들은 다국적 농기업의 든든한 지원을 받아 농산물을 대량으로 생산합니다. 과테말라는 따뜻한 기후와 비옥한 토지를 가진 나라지요. 그런데 과테말라의 농촌은 커피, 바이오 연료 작물, 사탕수수 등의 수출 작물을 재배하는 플랜테이션으로 가득합니다. 이 플랜테이션들은 모두 다국적 기업의 투자를 받은 농장 경영자들의 소유입니다. 이에 반해 소규모로 운영되는 과테말라 농부들의 개인 농장은 점점 운영이 어려워지고 있어요. 엎친 데

덮친 격으로 과테말라에는 몇 년 째 흉년이 들었어요. 개인 농장이 문을 닫아 멕시코인들은 귀해진 식량 때문에 고통의 나날을 보내야 했지요. 심지어 5세 이하 과테말라 어린이의 절반이 굶주림에 시달리고 있다는 통계도 있을 정도지요.

간추려 보기

- 글로벌 경제에는 여러 가지 부작용이 있지만 특히 노동자에게 부정적인 영향을 많이 준다. 다국적 기업들은 저개발 국가에 공장을 짓고 이곳 노동자들에게 겨우 먹고살 수 있을 정도의 적은 임금을 주어 생산에 드는 경비를 최소한으로 줄인다. 또한 운영 경비를 절약하기 위해 열악한 노동 환경을 그대로 내버려 둔다.
- 이주 노동은 이주민에게만 도움이 되는 것이 아니라 이주민이 노동하며 살아가는 나라에도 큰 도움이 된다. 자국민이 기피하는 험한 일들을 이주민들이 낮은 임금을 받고 해주기 때문이다.

6
CHAPTER

환경오염과
글로벌 경제

기업이 환경을 보호하는 모습은 소비자에게 좋은 이미지를 주게 됩니다. 요즘 소비자들은 환경을 오염시킨 기업에 대한 뉴스를 읽고 특정 회사의 상품을 보이콧하는 운동을 벌이거나 구매를 거부하기도 합니다.

상품을 생산하고 소비하는 경제 활동의 모든 과정은 자연 환경에 지대한 영향을 줍니다. 최근 세계적으로 큰 문제가 되고 있는 산림 파괴 같은 환경 문제는 경제 활동으로 인해 일어나는 부정적인 영향 가운데 하나지요. 그런데 경제 규모가 훨씬 크고 복잡해진 오늘날 글로벌 경제의 시대에는 환경 파괴의 규모도 그만큼 커질 수밖에 없습니다.

산림 파괴

산림 파괴는 주로 농장을 짓는 과정에서 발생합니다. 브라질의 아마존 열대 우림은 1960년대부터 잘려나가기 시작했습니다. 사람들은 커다란 아름드리나무를 수없이 베었지요. 수출용 고기소를 키우기 위한 대규모 목장이 필요했기 때문이었습니다. 환경 파괴에 대한 세계 사람들의 우려에도 브라질의 열대 우림은 최근까지도 계속해서 줄어들고 있어요.

최근에는 콩을 재배하기 위해 나무를 베는 일도 늘어나고 있어요. 콩을 원료로 한 식품의 종류가 늘어났고, 콩으로 공업용 화학 물질을 만들게 되면서 콩의 수요가 전 세계적으로 늘어났기 때문입니다. 종이나 목

▌ 아마존 열대 우림 지역에서 농장을 더 많이 짓기 위해 나무를 불태우고 있다.

재를 원료로 한 생활용품을 생산하기 위해 벌목을 하는 일도 흔해졌어요. 새로운 농지를 개간하거나 새 벌목지를 찾으려면 나무를 잘라서 길을 내야 하는데 그 과정에서 엄청나게 넓은 지역의 산림이 파괴되기도 하지요.

더 많은 상품을 생산해 더 많이 내다 팔기 위해 사람들은 너무도 쉽게 나무를 자르고 있습니다. 지구의 허파라고 불리는 아마존 열대 우림의 산림 파괴 실태는 정말 심각합니다. 이렇게 무분별하게 삼림을 파괴하면 인간이 살아가는 환경도 여러 가지로 영향을 받을 수밖에 없지요.

나무가 사라진다는 것은 수많은 식물과 동물의 서식지가 사라진다는 것을 의미합니다. 나무는 땅을 보호하는 역할도 하는데, 나무를 무턱대고 베어버리면 토양이 급속도로 건조해지고 결국 그 지역은 사막이 되지요. 또한 나무는 **지구 온난화**를 일으키는 온실가스를 흡수합니다. 그래서 아마존 열대 우림과 같은 넓은 숲이 줄어들면 늘어나는 온실가스 때문에 지구 전체에 피해가 오지요. 최근 크게 문제시되고 있는 세계적인 이상 기후 현상도 삼림 파괴가 그 원인이라 주장하는 사람들이 많습니다.

수자원의 고갈

글로벌 경제 체제가 세계를 지배하게 되면서 국제 교류가 늘어났고, 세계 곳곳에 외국인을 위한 관광 상품이나 서비스 등을 제공하는 산업이 발달했습니다. 그런데 관광이 발달한 지역에서는 주변의 천연 자원이 비교적 빠르게 고갈됩니다. 관광 리조트는 수자원의 고갈을 특히 심화시키는 시설이지요. 리조트 같은 대규모 시설의 하수 처리나 청소, 수영장 시설 등을 유지, 관리하기 위해서는 엄청난 양의 물이 필요하니까요. 그럼에도 최근 들어 각 나라에는 해안 지역을 중심으로 골프 리조트가 급속히 늘어나는 추세입니다. 골프 리조트 주변 지역의 주민들은 생활용수의 부족으로 큰 어려움을 겪고 있어요. 그래서 환경을 파괴하지 않는 여행 방식인 공정 여행을 따르는 사람들은 대규모 관광 시설에 경고의 메시지를 보내고 있습니다. 이들이 발표한 자료에 의하면 관광 산업이 발달한 태국의 경우, 보통 크기의 골프 리조트를 유지하는 데 매년 드는 물의 양이 무려 6만여 명의 태국인이 사용할 수 있는 정도라고 해요.

남미의 아름다운 나라 페루는 세계에서 가장 큰 아스파라거스 수출국입니다. 페루에서 생산되는 아스파라거스의 약 95퍼센트는 이카 밸리라는 지역에서 재배되지요. 페루의 아스파라거스 산업은 1990년대부터 지속적으로 성장해 왔어요. 세계은행으로부터 수백만 달러(수십억 원)를 투자 유치한 덕분이지요. 페루 정부는 아스파라거스 산업만으로 약 1만여 개의 일자리를 창출했고 그 결과 페루 경제도 크게 발전할 수 있었습니다.

그런데 아스파라거스를 재배하기 위해서는 물이 많이 필요하다고 해요. 아스파라거스를 수출하는 페루의 대규모 농장들은 더 많이 수출하기 위해 많은 양의 지하수를 퍼 올렸고 물은 금세 고갈되었습니다. 결국 대규모 농장뿐 아니라 주변 지역의 주민들과 소규모 농장마저도 물 부족에

▌ 공장에서 쏟아져 나온 더러운 물은 근처의 강을 오염시킨다.

시달리게 되었지요. 문제가 발생하자 페루 정부는 대규모 농장에게서 수도 요금을 더 받기로 결정했습니다. 또 각 농장이 사용하는 지하수의 양을 제한했어요. 그러나 대규모 농장이 증가하는 추세를 막지는 못했기 때문에 현재도 지역 주민들은 여전히 물 부족 문제로 골머리를 앓고 있습니다.

대기 오염

수질 오염도 심각한 문제지만 글로벌 경제 활동으로 인한 대기 오염은 더 심각한 문제입니다. 공장에서 상품을 생산하는 데는 전기가 꼭 필요합니다. 전력을 생산하기 위해서는 석탄과 같은 화석 연료가 필요하고요.

중국은 인구도 많고 땅도 넓어 엄청난 양의 에너지를 사용하는 나라입니다. 그런데 중국은 그 많은 에너지 소비량의 약 3분의 2가량을 석탄을 태워 전력을 생산하는 화력 발전에 의존한다고 해요. 한국도 예외가 아니어서 에너지 발전의 상당 부분을 화석 연료를 사용한 화력 발전에 기대고 있지요. 그런데 잘 알려져 있다시피, 석탄을 태우면 황과 이산화질소 같은 유독 물질이 대기 중으로 퍼져 나갑니다. 대기 중으로 날아간 황과 이산화질소는 물과 결합하여 산성비가 되지요. 이렇게 생성된 산성비는 삼림을 파괴해 야생 동물에게 피해를 줄 뿐 아니라, 강과 시내 등의 수질을 오염시킵니다. 대기 오염은 이렇게 공기 그 자체뿐 아니라 다른 자연 환경에도 큰 피해를 입히지요.

더욱이 대기 오염의 영향은 단지 어떤 특정 지역에서 끝나는 것이 아니라 널리 퍼져나갑니다. 다시 말해 독일 북부에 위치한 루르 공업 지역의 공장에서 나온 매연이 산성비가 되어 1,000킬로미터나 떨어진 스칸디나비아 반도의 숲에 피해를 줄 수 있다는 말입니다. 자동차나 공장에서 발생하는 매연과 유독 가스는 생각하는 것 이상으로 우리 건강에 치명적인 영향을 미치는 물질입니다. 전 세계의 연간 교통사고 사망자보다 대기 오염 관련 질환 사망자가 더 많다는 통계도 있어요.

지구 온난화

글로벌 경제가 제대로 작동하기 위해서는 국가 간 운송 체계가 잘 발달해야 합니다. 그래야 상품, 원료, 인력 등이 자유롭고 빠르게 이동할 수 있기 때문입니다. 하지만 이러한 운송 수단들은 매연을 내뿜어 대기 오염을 가중시킬 뿐만 아니라 지구 온난화를 발생시키기도 합니다. 지구 온난화는 지표면의 온도를 상승시켜 이상 기후 현상을 불러일으키고 그로 인해 생태계가 파괴되는 심각한 환경 문제입니다. 그런데 한 가지 흥미로운 사실이 있습니다. 2008년 미국발 경제 위기로 인해 글로벌 경제 활동이 줄어들자, 이듬해인 2009년 조사에서 전 세계 매연 배출량이 나라별로 3~10퍼센트 가까이 줄었다는 점입니다. 이렇게 매연 배출량이 큰 폭으로 줄어든 것은 40년 만에 처음 있는 일이었습니다.

그 밖의 환경 파괴

석탄이나 석유 같은 지하자원을 얻기 위해 인류는 오랜 시간 동안 채굴과 시추를 해왔습니다. 그런데 채굴과 시추는 모두 수질 오염의 주범이기도 합니다.

2010년 4월, 미국 멕시코 만에서 일어난 원유 유출 사고는 역사상 가장 큰 해양 사고였습니다. 이 사고는 세계 2위 규모의 석유회사인 BP(British Petroleum)의 석유 시추 시설이 폭발하면서 발생했습니다. 석유 시추 시설이 파괴되면서 흘러나온 기름은 물에 녹지 않았습니다. 두꺼운 기름띠가 넓은 바다를 떠다니다가 급기야 해안까지 뒤덮었지요. 해양 생물들에게도 막대한 피해를 주었습니다. 원유 유출로 인한 피해는 거기서 그치지 않았습니다. 수산업과 관광업에 막대한 손해가 생겼고 주변 지역 경제가 무너지면서 실업 문제가 떠올랐지요. 더군다나 원유 유출로 인한 환경 오염이 오랜 기간 지속되었을 때 생태계에 어떠한 피해가 생기는지, 아직 아무도 모르는 것이 제일 큰 문제이지요.

환경 오염을 줄이려는 노력

최근 들어 글로벌 경제를 이끄는 다국적 기업들도 자신들의 경제 활동이 환경에 부정적 영향을 주지 않도록 꽤 신경을 쓰고 있습니다. 왜냐하면 환경을 보호하는 경제 활동이 결과적으로 기업의 경비를 일부 줄여

주기 때문입니다. 콜롬비아의 보고타 시에서는 너무 심한 벌목으로 인해 삼림이 대규모로 파괴되는 일이 있었습니다. 나무의 보호를 받지 못하게 된 토양이 흘러내려와 강과 시내에 섞여들었고, 이때 토양에 휩쓸려 내려온 농약으로 심각한 수질 오염이 일어났지요.

그런데 콜롬비아의 대표적인 맥주 회사 바바리아는 맥주를 만드는 데 사용할 깨끗한 물이 필요했어요. 2004년부터 2009년까지 바바리아는 오염된 물을 깨끗하게 처리하는 데만 기존보다 35퍼센트나 비용을 더 지불해야 했지요. 바바리아는 물을 조금만 사용해 맥주를 만드는 기술을 개발해 비용을 줄여나갈 수밖에 없었습니다.

바바리아는 수원지인 친가사 국립공원 안에서 진행되는 환경 보호 프로그램에 지원금을 내기도 했어요. 네이처 컨저번시 프로젝트라고 불리는 이 프로그램은 더는 토양이 유실되지 않도록 나무를 심고, 아무렇게나 방목된 소 떼들을 가둬둘 축사를 짓는 등 수질 오염을 막기 위한 다양한 활동을 벌이는 프로그램이었지요. 오염되었던 물이 깨끗해지자 바바리아는 매년 물을 정화하기 위해 사용했던 비용 수백만 파운드를 줄일 수 있었습니다.

기업이 환경을 보호하려고 노력하는 모습을 보이면 소비자에게 좋은 이미지를 줄 수 있습니다. 요즘 소비자들은 환경을 오염시킨 기업에 대한 뉴스를 읽고 특정 회사의 상품을 보이콧하는 운동을 벌이거나 구매를 거부하기도 합니다. 아시아 펄프 앤 페이퍼(Asia Pulp and Paper)는 세계적으로 유명한 종이 회사입니다. 2004년 중국 숙박업 연합은 아시아 펄프 앤 페이퍼가 종이를 만들기 위해 중국의 삼림 보호 구역에서 불법으로 나무를 베어냈다는 사실을 알게 되었습니다. 중국 숙박업 연합이 이에 대한 항의의 표시로 아시안 펄프 앤 페이퍼에서 생산한 종이를 불매하기 시작했고, 그제야 아시안 펄프 앤 페이퍼는 불법 벌목을 중단했습니다.

간추려 보기

- 관광이 발달한 지역에서는 주변의 천연 자원이 비교적 빠르게 고갈된다. 관광 리조트는 수자원의 고갈을 특히 심화시키는 시설이다.
- 글로벌 경제가 제대로 작동하기 위해서는 국가 간 운송 체계가 잘 발달해야 한다. 그래야 상품, 원료, 인력 등이 자유롭고 빠르게 이동할 수 있기 때문이다. 하지만 이러한 운송 수단들은 매연을 내뿜어 대기 오염을 가중시킬 뿐만 아니라 지구 온난화를 발생시키기도 한다.

7

CHAPTER

대안 경제의 탄생

공정 무역이란 말을 들어본 적이 있나요? 공정 무역 운동은 글로벌 경제 체제 안의 노동자들이 자신의 노동에 대한 공정한 대가를 제대로 지급받는 것을 목표로 하는 운동입니다. 세계 시장에서 상품 가치가 어떻게 변하든, 세계 금융 시장의 상황이나 환율이 어떻게 변하든 상관없이 말입니다.

세계가 함께 상호작용하는 글로벌 경제 체제는 매우 복잡한 것이 특징입니다. 우리가 이제껏 살펴본 것처럼 글로벌 경제 안에는 웃는 자와 우는 자가 공존하지요. 그런데 최근 글로벌 경제에 커다란 변화가 일어났습니다. 고용자들을 착취하지 않고도, 지구 환경을 파괴하지 않고도 좋은 제품을 생산하는 기업들이 늘어나기 시작한 것입니다. 이제 경제에도 새로운 변화의 바람이 불고 있습니다.

패권의 중심 이동

최근 몇 년 동안 독일 같은 유럽 국가들이나 패권 국가인 미국을 중심으로 돌아가던 경제 지형이 조금씩 중심을 바꾸어 변화하고 있습니다. 오늘날 경제적으로 급격한 성장을 이뤄 새롭게 힘을 갖게 된 나라들은 브라질(Brazil), 러시아(Russia), 인도(India), 중국(China) 이렇게 네 나라입니다. 이들 네 나라의 이름의 첫 글자를 딴 브릭스(BRICS)라는 이름까지 생겨났지요. 현재 브릭스 국가의 정부와 사기업이 세계에 빌려주는 대출금의 규모는 국제 통화 기금과 같은 국제기구가 빌려주는 대출금 규모의 4배에 달합니다. 그래서 세계 각국의 투자 기업들은 무서운 속도로 성장하는 브릭스에 투자하기를 원합니다. 그중 몇몇 거대 다국적 투자 회사는 한 나라의 정부보다도 더 많은 부를 소유하고 있어 브릭스 국가들의 잠재성에 상상도 못할 만큼 큰 투자를 하고 있어요. 이제껏 경험하지 못한 새로운 경제 상황이 도래할 가능성이 커진 셈이지요.

무담보 소액 대출

세계 어디서든 가난한 사람들은 신용 등급이 낮아서 은행 대출을 쉽게 받을 수 없습니다. 그래서 가난한 사람 중 일부는 이자를 아주 높게 받는 사채업자를 찾아가기도 합니다. 그 길 외에는 급한 돈을 마련할 방법이 없기 때문이지요.

그런데 최근 가난한 사람들을 위한 무담보 소액 대출이라는 제도가 생겨나서 화제가 되었습니다. 무담보 소액 대출이란 신용 등급이 낮아 제도권 금융 기관에서 돈을 빌릴 수 없는 저소득 계층에게 담보 없이 적은 금액을 빌려주는 제도입니다. 가난한 사람들이 더 쉽게 빈곤에서 벗어날 수 있도록 돕기 위해 만들어진 대출 제도지요. 무담보 소액 대출은 주로 아시아와 아프리카의 협동조합이나 은행과 자선 단체가 힘을 모아 대출 사업을 유지하는 경우가 많습니다.

이외에도 무담보 소액 대출을 전문으로 하는 웹사이트도 있습니다. 이 웹사이트에서 돈을 빌리고자 하는 사람은 빌린 돈을 어떻게 사용할 것인지 자세한 계획을 서류로 작성해 제출해야 합니다. 투자자들은 온라인상에 올라온 사업 계획을 보고 그 사람에게 직접 돈을 빌려줄 수 있습

사례탐구 그라민 은행

　1976년 방글라데시의 무함마드 유누스가 무담보 소액 대출을 전문으로 하는 그라민 은행을 설립했다. 유누스는 사람들이 가난에서 벗어나지 못하는 이유는 그들의 능력이 부족해서가 아니라 은행에서 돈을 빌릴 수 없기 때문이라 생각했다. 그라민 은행을 통해 사람들은 돈을 빌릴 기회를 얻었고, 그 돈으로 생계를 꾸릴 기술을 배워 점차 가난에서 벗어났다. 처음에 유누스는 조브라라는 작은 마을에서 돈을 빌려주기 시작했지만 현재는 2,500개가 넘는 그라민 은행의 지사가 방글라데시 전국에서 성황리에 영업중이다.

　그라민 은행은 보통 은행들이 가진 생각과 판이하게 다른 몇 가지 특별한 생각을 세상에 퍼뜨렸다. 일단 그라민 은행은 신용 거래를 인간의 기본적인 권리로 이해한다. 또한 신용 거래는 사람과의 신뢰에 기초한 것인지 그 사람이 가진 재산이 얼마나 많으냐가 기준이 되어서는 안 된다고 생각한다. 그래서 사람들은 단지 대출인 조합에 가입하는 것만으로 그라민 은행에서 돈을 빌릴 수 있다. 현재 그라민 은행의 대출인 조합에 가입한 사람들은 무려 800만 명을 넘어섰으며, 그중 대부분이 사회적 취약 계층인 여성이다.

　흥미로운 점은 그라민 은행의 대출 이자율이 대출자가 처한 상황에 따라 달라진다는 점이다. 사업을 하기 위해 그라민 은행에서 대출을 받으면 대개 이자율이 20퍼센트 정도가 된다. 2006년 유누스는 방글라데시의 빈민들을 위해 사회, 경제적으로 큰 공을 세운 점을 인정받아 노벨평화상을 수상했다. 그라민 은행의 성공을 모델 삼아 에티오피아와 페루 등에서도 빈민을 위한 소액 신용 대출 프로그램이 탄생하기도 했다. 하지만 일부에서는 그라민 은행의 문제점을 지적하기 시작했다. 돈을 빌려준 그라민 은행이 기업화되면서 이윤을 쫓기 시작했다는 언론의 비판이 이어지고 있다.

니다. 어떤 투자자들은 돈을 빌려주면서 원하는 이자를 조건으로 내걸기도 하지만, 이자를 받지 않고 돈을 빌려주는 투자자들도 있지요.

공정 무역, 더 나은 거래

열악한 노동 환경이나 환경 파괴 등 글로벌 경제가 불러온 여러 사회 문제에 대한 소식을 이제는 더 빠르고 자세하게 알 수 있는 시대가 되었습니다. 더 많은 소비자가 자신들이 소비하는 물건이 어떻게 만들어지는지 알고 싶어 합니다. 그 물건을 생산하는 노동자가 처한 노동 환경이 얼마나 개선되고 있는지도 관심의 대상이 되는 시대지요. 사람들은 이제 기업이 시장에서 상품을 파는 일뿐 아니라, 노동 환경 개선이나 환경 보호에도 책임이 있다고 생각하기 시작했어요.

공정 무역이란 말을 들어본 적이 있나요? 공정 무역 운동은 글로벌 경제 체제 안의 노동자들이 자신의 노동에 대한 공정한 대가를 제대로 지급받는 것을 목표로 하는 운동입니다. 세계 시장에서 상품 가치가 어떻게 변하든, 세계 금융 시장의 상황이나 환율이 어떻게 변하든 상관없이 말입니다. 세계 각국의 공정 무역 기구들은 가난한 나라의 생산자들이 좀 더 나은 삶을 살 수 있도록 힘쓰고 있습니다. 개인과 기업, 단체와 협력하여 더 올바른 무역 거래를 위해 함께 일하지요. 국제 공정 무역 기구들은 바나나나 초콜릿, 목화솜과 휴양지 리조트에 이르는 다양한 상품과 서비스에 공정 무역 인증 마크를 부여하는 일을 합니다. 공정 무역을 통해 얻을 수 있는 이익을 열악한 환경에서 일하는 노동자에게 직접 전달하며, 국제 기구 차원에서 상품의 최저 가격을 관리해 상품의 평균 가격을 일정 수준

가나의 코코아 협동조합에서 일하는 공정 무역 노동자들은 자신들이 생산한 작물이 잘 팔리면 더 많은 돈을 받을 수 있다.

으로 유지하지요. 즉, 공정무역을 통해 거래되는 상품이 시장의 최저 가격 수준 이하로 떨어지더라도 노동자들이 손해 보지 않도록 보장해 주는 셈이지요. 또한 상품 가격에 공정 무역 발전 기금을 포함해, 판매 수익금 중 일부를 상품을 생산하는 노동자들이 처한 경제적, 사회적 상황을 개선하는 데 사용하기도 합니다. 실제로 우간다에 있는 마베 그로우어 사의 홍차 공장은 공정 무역 발전 기금을 사용하여 노동자들을 위한 창고를 세웠습니다. 노동자들은 콘크리트와 양철 지붕으로 지어진 창고에 찻잎을 보관하거나, 뜨거운 태양과 비를 피해 찻잎을 손질하는 일을 할 수 있게 되었지요.

사례탐구 초콜릿으로 공정한 세상 만들기

초콜릿을 만드는 데 사용되는 코코아는 주로 코트디부아르나 가나 등 서아프리카의 열대 지방에서 자란다. 이 지역의 코코아는 거대 플랜테이션이나 가족 단위의 소규모 농장에서 생산되는데, 몇몇 플랜테이션에서는 아이들에게 고된 노동을 강요하기도 한다. 코트디부아르의 거대 농장에서는 코코아나무 주변에서 잡초를 뽑는 아이들의 모습을 심심치 않게 목격할 수 있다. 이 아이들은 노동을 하다가 기계에 부상을 입거나, 건강에 나쁜 화학 물질에 노출될 위험 앞에 놓여 있다. 때로는 코코아 농장에서 일을 시키기 위해 아이들을 납치해 말리 등 다른 나라의 농장에 팔아넘기는 경우도 있다. 농장에서 아이들을 고용하는 이유는 거대 식품 기업들이 값이 싼 코코아를 생산하라고 농장에 요구하기 때문이다. 농장에서 인건비를 아끼기 위해 어른보다 훨씬 적은 돈을 주어도 되는 어린아이들을 고용하는 것이다.

초콜릿 제조 기업인 캐드베리는 국제 시장에서 코코아가 공정하게 거래될 수 있도록 힘쓰는 기업 중 하나다. 2010년 캐드베리는 공정 무역 코코아로 만든 데어리 밀크라는 초콜릿을 영국, 오스트레일리아, 캐나다, 아일랜드, 뉴질랜드에서 판매하기 시작했다. 데어리 밀크는 2010년 말 약 3억 5,000여 개가 판매될 정도로 인기 상품이 되었다.

캐드베리는 가나에 있는 협동조합 쿠파 코쿠에서 재배되는 코코아로 초콜릿을 만드는데, 이곳은 아동을 노동자로 고용하지 않는다. 그 대신 공정한 임금을 받는 어른들을 고용한다. 캐드베리는 동업 관계에 있는 가나, 인도네시아, 카리브 해 등지의 농장 연합에도 투자하고 있다. 그뿐만 아니라 워터 에이드 같은 자선 단체와도 협력하고 있다. 워터 에이드는 아프리카 마을에 신선한 물을 공급할 우물을 파고, 정보 통신 기술을 가르쳐 주는 강사들을 양성하는 활동을 한다.

지속 가능한 경제 성장

세계 무역이 활발해지면서 천연 자원의 사용이 가파르게 증가하였습니다. 물이나 목재, 석탄 등 각종 천연 자원의 수요가 늘어나면서 자원이 원래대로 재생되는 속도보다 자원을 소비하는 속도가 더 빨라졌고, 많은 종류의 천연 자원이 고갈될 위기에 처했지요. 그 결과 현재는 많은 사람이 자원을 낭비하지 않는 지속 가능한 경제 활동에 관심을 기울이고 실천하려 하고 있습니다. 지속 가능한 경제란 환경을 파괴하지 않는 범위 안에서 천연 자원과 에너지를 소비하여 더 긴 시간 동안 지속적으로 성장하는 경제를 말합니다. 지속 가능한 경제 성장을 실천하는 방법은 실로 다양합니다. 우선 나무를 베어 목재로 가공하는 벌목 회사는 나무를 벨 때 자신들이 베어낸 나무를 대체할 새 나무를 심을 수 있지요. 식료품 회사는 비닐 봉투 대신 미생물에 분해되는 포장지를 사용할 수도 있어

생각해 보기

스웨덴, 핀란드 등 유럽의 일부 국가들은 환경을 파괴한다는 이유로 화석 연료를 사용하는 기업이나 온실가스를 배출하는 기업에 탄소세를 부과한다. 이산화탄소를 배출하는 기업에 세금을 부과하면 기업들이 이산화탄소 배출량을 줄여 환경 오염을 막고자 노력을 기울일 것이라는 생각에서 나온 제도다.

그런데 왜 일부 국가만 탄소세를 도입하고 어떤 국가들은 탄소세를 도입하지 않는 걸까? 세계 모든 나라가 탄소세를 도입하지 않아도 탄소세가 지구 환경을 지켜줄 수 있을까?

요. 음식점에서 나오는 폐기름을 재활용하여 휘발유 대신 자동차 연료로도 사용할 수도 있습니다. 그 밖에 어업 할당제를 시행하여 물고기를 지나치게 많이 잡아 한 가지 어종이 멸종되는 일을 막는 등 다양한 분야에서 자연과 더불어 성장하는 방법을 생각해 볼 수 있습니다.

재활용과 글로벌 경제

재활용은 버려지는 물건에서 경제적 가치를 창출하는 활동이며, 새로운 상품을 생산하는 데 드는 자원을 줄여 환경을 보호하는 활동이기도 합니다. 그런데 때로는 선진국이 개발 도상국에 폐기물을 수출하는 경우도 있습니다. 개발 도상국에서 쓰레기를 처리하면 비용이 훨씬 적게 들기 때문이에요. 대표적인 예로 영국, 미국 등지에서 버려진 컴퓨터나 텔레비전을 중국이나 인도에 내다 파는 사례를 들 수 있어요. 중국이나 인도에서는 선진국에서 수입한 중고 전자 제품들을 해체한 뒤 사용할 수 있는 부품만 골라 재활용합니다.

그러나 이는 바람직한 현상은 아닙니다. 폐기물을 한 나라에서 다른 나라로 수출하려면 먼 거리를 운송해야 하지요. 그렇게 되면 운송하는 데 막대한 양의 화석 연료가 들어갈 뿐 아니라 화석 연료에서 나오는 대기 오염 물질로 인해 오히려 환경 오염이 심화됩니다. 또한 이렇게 옮겨진 중고 전자 제품들은 개발 도상국 노동자들이 직접 손으로 분해하지요. 개발 도상국은 폐기물을 처리하는 기술이 발달하지 않은 경우도 많아서, 폐기물을 손으로 분해하고 필요 없는 부품을 태우는 과정에서 노동자들이 유해한 물질에 노출되거나 부상을 입는 경우도 있어요. 현재

▎중고 컴퓨터 같은 가전제품은 재활용하는 과정에서 환경에 악영향을 끼치기도 한다.

전 세계적으로 컴퓨터나 텔레비전 등 가전 폐기물은 매년 약 4천만 톤씩 증가하고 있습니다. 이처럼 끊임없이 증가하는 폐기물 문제로 각국 정부가 골머리를 앓고 있지요. 그 때문에 재활용 문제는 지속 가능한 발전과 관련해 나라마다 중요하게 다루어지는 이슈입니다.

푸드 마일
일부 국가의 환경주의자들은 자신이 거주하는 지역에서 가까운 곳의 물건을 사자는 캠페인을 벌입니다. 상품을 생산하는 곳에서 소비하는 곳까지의 긴 운송 과정을 줄이면 그만큼 화석 연료의 사용을 줄일 수 있다는 주장이지요. 실제로 화석 연료의 사용이 줄면 최근 심각한 문제로 떠오른 지구 온난화를 방지하는 데 큰 도움이 됩니다. 예를 들어 어떤 소비자가 수입 사과가 아닌 국산 사과를 샀다고 치면, 그 소비자가 산 사과의 **푸드 마일**(식품이 생산되는 곳부터 소비되는 곳까지의 거리)이 짧아져 대기 오염이 줄어들고 지구 온난화를 예방하는 셈이 되지요. 어떻게 보면 참 단순합니다. 그런데 과연 그게 전부일까요?

식료품을 사기 위해 모든 사람이 운전을 해서 주변 지역으로 식료품을 사러 간다면 거기에 드는 연료도 만만치 않을 겁니다. 비행기나 배로 식료품을 대량 운송하는 데 드는 연료보다 그편이 연료가 훨씬 많이 소모될 가능성이 큽니다.

더욱이 개발 도상국에서 생산된 사과가 선진국에서 생산된 사과보다 훨씬 적은 자원을 사용해 길러졌을 확률이 높지요. 개발 도상국에서는 대규모 경작을 위해 현대식 농기계를 마구잡이로 사용하는 일이 더 적을 테니까요. 그러므로 단지 푸드 마일만이 친환경적인 상품을 선택하는 기

전문가 의견

어떤 사람이 버린 쓰레기가 다른 사람에게는 무언가를 창조해 내는 원료가 될 수 있다. 컴퓨터 같은 전자 제품의 재활용 방법을 연구하는 일은 녹색 성장을 이루기 위한 매우 중요한 과정이다.

– 콘라드 오스터왈더 일본 UN대학 총장

준이 될 수는 없습니다. 개발 도상국이 어렵게 생산한 상품이나 농작물을 선진국에 팔지 못하면 많은 사람이 빈곤에 직면하게 되는 현실도 무시할 수 없고요.

변화를 요구받는 글로벌 경제

글로벌 경제는 가난한 개발 도상국보다 세계 무역을 지배하는 부자 나라들에 훨씬 유리한 체제입니다. 많은 경우 개발 도상국들은 선진국 자본에게 값싼 노동력과 원자재를 제공하면서 별로 큰 이익을 보지는 못합니다. 그로부터 생산되는 이윤은 거의 다국적 기업이 속해 있는 부자 나라에게 돌아가지요. 다국적 기업이 임금이 싼 개발 도상국에서 사업을 진행하면 다양한 이익을 얻을 수 있습니다. 노동자 임금이나 작업 환경, 안전 설비 등을 그다지 까다롭지 않은 조건에 마련하고도 손쉽게 회사를 경영할 수 있지요. 그 과정에서 손해를 보는 사람들은 언제나 약자인 가난한 나라의 힘없는 노동자들입니다.

글로벌 경제가 세계의 문화적 다양성을 해치는 위협 요소라고 보는 사람들도 있습니다. 글로벌 경제는 필연적으로 자본주의를 널리 퍼뜨립니다. 그동안의 역사를 살펴보면 자본주의가 퍼져나가면서 서구적 삶의 방식과 문화가 전 세계로 퍼져나갔고, 각 나라의 고유한 문화가 점차 사라지기 시작했어요. 결국 지금처럼 지역 경제와 문화, 언어와 전통이 무너져 내리는 상황이 온 것은 글로벌 경제 체제와 다국적 기업들에게 큰 책임이 있는 셈이에요.

이러한 글로벌 경제 체제에 비판의 칼날을 들이대는 사람들은 변화를 위해 행동하고 있습니다. 1999년 11월, 미국 시애틀에 세계 20여 개국에서 수많은 활동가들이 모여들었습니다. 각국 정상들이 자기들끼리 모여 세계 주요 무역 현안을 논의하는 세계 무역 기구 회의를 비판하고 글로벌 경제 체제의 문제점을 폭로하는 격렬한 시위가 벌어졌지요. 그 뒤 2009년 터키에서, 또 2010년 미국 워싱턴 D.C에서, 글로벌 경제 체제를 비판하는 사람들의 목소리가 터져나왔습니다. 그들은 국제 통화 기구가 전 세계 평범한 사람들의 삶을 더 빈곤하고 어렵게 만들고 있다며 가두행진을 벌였지요. 국제 통화 기구는 실제로 가난한 사람들의 이야기에

글로벌 경제는 다수의 희생으로 소수가 이익을 얻는 구조라고 생각하는 사람들이 많다. 2009년 이스탄불에서 열린 국제 통화 기구 회의장 앞에서 한 시위자가 체포의 위험을 무릅쓰고 항의하고 있다.

는 귀를 기울이기 힘든 구조를 지니고 있습니다. 개발 도상국들은 세계 경제의 거의 절반가량을 차지할 정도로 큰 규모의 경제를 형성하고 있지만 국제 통화 기구에서 제 목소리를 내기는 힘듭니다. 국제 통화 기구에서 개발 도상국의 투표권은 전체의 3분의 1밖에 되지 않기 때문에 개발 도상국에 불리한 결정이 내려지기 쉽기 때문이에요.

빈곤 퇴치를 위한 세계의 노력

빌 게이츠는 세계에서 가장 큰 소프트웨어 기업인 마이크로소프트의 설립자입니다. 그는 마이크로소프트의 성공으로 엄청난 부를 손에 거머쥐었지요. 빌 게이츠는 벌어들인 돈으로 세계 빈민들을 돕는 빌앤멀린다게이츠 재단을 설립하였습니다. 빌앤멀린다게이츠 재단은 저개발 국가의 가난한 사람들을 위한 건강 검진 프로그램을 마련하고 학교를 설립하는 등 여러 가지 사업에 자금을 지원합니다. 예를 들어 빌앤멀린다게이츠 재단이 2010년부터 2020년까지 말라리아나 결핵 같은 질병 예방 백신을 개발하기 위해 투자한 금액은 무려 100억 달러(약 11조 8,430억 원)에 달하지요.

전문가 의견

'새천년 개발 목표'는 유엔이 성취해야 할 목표가 아니라, 개별 회원국의 정부와 국민의 노력으로 달성해야 하는 목표다.

– 코피 아난 전 유엔 사무총장

비슷한 변화의 바람이 세계 곳곳에서 불고 있습니다. 2000년 유엔 정상 회의에서는 절대 빈곤 퇴치를 위한 '새천년 개발 목표'가 채택되었습니다. '새천년 개발 목표'의 주요 내용은 절대 빈곤과 기아 퇴치, 보편적 초등 교육의 제공, 성 평등 촉진과 여성 차별 해소, 유아 사망률 감소, 임산부의 건강 개선, 에이즈와 말라리아 등의 질병 퇴치, 지속 가능한 개발을 위한 전 지구적 협력 등이었습니다.

간추려 보기

- 무담보 소액 대출이란 신용 등급이 낮아 제도권 금융 기관에서 돈을 빌릴 수 없는 저소득 계층에게 담보 없이 적은 금액을 빌려주는 제도다.
- 공정 무역 운동은 글로벌 경제 체제 안의 노동자들이 자신의 노동에 대한 공정한 대가를 제대로 지급받는 것을 목표로 하는 운동이다.
- 지속 가능한 경제란 환경을 파괴하지 않는 범위 안에서 천연 자원과 에너지를 소비하여 더 긴 시간 동안 지속적으로 성장하는 경제를 말한다.

글로벌 경제의 미래

현재 우리는 이렇게 복잡한 상황 속에서 살고 있습니다. 환경오염, 불공정한 노동 현실, 빈곤의 심화, 패권 국가 중심의 시장질서 등 글로벌 경제의 문제점은 한두 가지가 아니지만 그렇다고 국제 무역 거래를 중단하거나 줄일 수도 없는 것이 현실이지요. 한쪽에서는 문제점을 해결하기 위해 규제를 만들고 시위를 하는데, 다른 한쪽에서는 경제적 이윤만을 추구해야 경쟁에서 살아남을 수 있는 모순적인 상황이 매일 벌어지고 있지요.

2011년 세계는 수년간 지속된 심각한 금융 위기에서 막 벗어나기 시작했습니다. 은행과 금융사들은 다시 조금씩 이익을 내기 시작했고, 사업의 본궤도를 찾기 시작했지요. 하지만 지금도 여전히 전 세계의 정부와 기업, 개인은 매출 하락과 제로 성장, 실업 같은 사회 문제와 씨름하고 있어요. 그렇다면 앞으로 세계는 어떻게 변해 갈까요? 글로벌 경제가 마주하게 될 미래는 어떤 모습이고 도전 과제는 과연 무엇일까요?

경제 성장과 새로운 자원 개발

2010년 발간된 세계은행의 보고서에 따르면, 현재 아프리카는 30년 전 중국이나, 20년 전 인도처럼 경제적으로 한 단계 도약할 수 있는 조건을 갖추고 있습니다. 아프리카에는 각종 광물 자원과 천연 자원이 풍부하기 때문에 앞으로의 성장 가능성이 무궁무진합니다. 중국과 인도는 아프리카의 성장 가능성을 보고 최근까지 지속적인 투자를 하고 있어요. 아프리카 시골 마을에 위치한 농지를 사들이고, 자기 나라에 자원을 공급하기 위해 아프리카 대륙을 샅샅이 뒤져 천연 자원이 매장된 광산에

China and Africa
Hand in Hand to Build a Harmonious World

中国与非洲携手共建和谐世界

2007년 중국 상하이에서 열린 아프리카 개발 은행 회의장. 아프리카에 진출한 중국 기업들이 성공하기 위해서는 아프리카 정세에 민감해야 하며, 벌어들인 수익을 그 지역 주민들과 함께 나눌 수 있어야 한다.

투자도 합니다.

그런데 새로운 자원을 찾으려는 노력은 비단 중국과 인도만의 일이 아닙니다. 다른 국가들도 새로운 자원 매장지를 찾기 위해 중국과 인도의 뒤를 바짝 따라오고 있어요. 그러한 노력의 결과로 북극의 심해에서 생산되는 원유의 양이 점점 늘고 있으며, 미래에는 남극에서도 원유를 생산할 기술을 갖게 되리라 예측하는 사람들이 많지요.

인구 증가와 미래 경제

전문가들은 2050년에는 세계 인구가 현재 인구의 3분의 1가량 더 늘어난 90억 명에 이를 것이라고 예상합니다. 인구가 늘어나면 자연히 물이나 화석 연료같이 그 양이 한정된 자원의 가격이 오르게 됩니다. 자원은 부족한데 사용할 사람들이 점점 늘어나니 당연히 값이 뛰어오르는 것이지요. 문제는 자원의 가치가 올라가면 상품 생산에 들어갈 원료를 구하기 힘들어져 경제 성장이 위축될 가능성이 크고, 심지어 자원을 사이에 두고 지역, 국가 간에 분쟁이 생길 수도 있다는 점입니다. 실제로 현재 세계 곳곳에서는 자원을 놓고 다투는 분쟁이 자주 일어나고 있어요. 2011년 이집트와 에티오피아는 나일 강 상류에 댐을 건설하는 문제를 두고 갈등을 빚었지요. 두 나라는 물이 귀한 국가들이었기 때문에 서로 수자원을 더 확보하려 해서 생긴 문제였어요.

기후 변화가 미래 경제에 미치는 영향

많은 과학자가 지구 온난화로 인한 기후 변화가 세계 경제에 큰 변화를 가져올 것이라 예상합니다. 이상 기후 현상의 증가, 그로 인한 홍수나 가뭄 등 자연 재해의 확산은 이미 우리 생활에, 특히 식량 생산 활동에 커다란 지장을 초래하고 있습니다. 어쩌면 이상 기후 속에서도 더 많은 작물을 생산할 수 있는 기술 개발이 인류가 직면한 식량 문제를 해결하는 데 도움이 될 수도 있겠지요. 적은 양의 물로도 잘 자라고 병충해에도 강한 새 품종을 개발할 수도 있을 겁니다. 관개 시설 개선이나 새로운 농법을 개발하는 것도 지구 온난화로 위기를 맞은 인류의 식량 문제를 개선할 방법이 될 수 있겠지요.

그러나 새로운 기술이 아닌 온화한 기후와 비옥한 토양에 의존해 농

작물을 키우고 경제 성장을 이루어가는 나라들은 기후 변화로 반드시 어
려움을 겪게 될 거예요. 전문가들은 특히 지구 온난화가 남유럽과 북아
프리카에 위치한 농장들에 막대한 피해를 줄 것이라 예측합니다. 그 넓
은 지역이 토양의 사막화로 인해 대규모 식량 생산을 하기에 적합하지
않은 곳이 될 가능성이 높다는 주장이지요.

기술 발전과 글로벌 경제의 미래

컴퓨터 산업은 1980년대 이전에는 없었던 산업입니다. 하지만 오늘
날에는 컴퓨터가 현대 사회의 모든 분야에서 없어서는 안 되는 필수품이
되었습니다. 자동차 조립 로봇을 조종하는 일에서부터 은행에서 돈의 흐
름을 조절하는 일에 이르기까지 컴퓨터는 다양한 분야에서 사용되고 있
지요. 컴퓨터는 우리가 음악이나 책 등의 미디어에 접근하고, 공유하고,
그것을 누리는 방법마저도 바꾸었습니다. 이처럼 기술의 발전은 미래의
직업 선택이나 서비스 산업에 지대한 영향을 줍니다. 미래에는 로봇이

의사나 군인을 대신해 일하는 사회가 올지도 모릅니다. 인터넷 네트워크의 발달로 사람들이 온라인에서 쇼핑하기 때문에 오프라인 매장의 직원 수가 많이 줄어드는 추세이기도 하고요. 이 모든 것이 세계 경제의 흐름을 바꾸어 놓을 것입니다.

녹색 기술의 성장 역시 글로벌 경제를 좌우하는 핵심이 될 거예요. 전문가들의 조사에 따르면, 막대한 수의 인구를 가진 중국은 현재 미국인 전체가 사용하는 에너지의 총 3배가량을 사용한다고 합니다. 이에 2009년 중국 정부는 녹색 기술 개발 산업에 총 1,350억 파운드(약 247조 7,992억 원)를 투자하기로 결정했어요. 녹색 기술은 전력을 생산하기 위해 화석 연료를 사용하기보다는 태양이나 바람과 같은 자연의 힘을 사용하는 것을 더 선호하는 등의 친환경적인 기술을 말합니다. 중국은 바로 이 녹색 기술을 더욱 발전시키기 위해 최근 지속적인 노력을 기울이고 있어요. 그 결과 중국은 세계에서 가장 큰 태양열 온수기 시장을 가지게 되었고, 중국 내에 풍력 발전을 위한 터빈을 만드는 업체가 80여 개에 이른다고 해요.

전문가 의견

지금이 바로 우리 사회의 미래에 거대한 영향을 미칠 에너지 문제와 똑바로 마주할 바로 그 순간이다.

– 페이동 양 미국 버클리 대학 교수

수소 전지와 같은 녹색 기술은 일자리를 창출하는 것은 물론 환경 보호에도 긍정적인 영향을 미친다. 이러한 신기술은 글로벌 경제의 지형도를 바꾸어 놓을 수도 있다.

화석 연료의 고갈 문제를 해결하고 온실가스 배출량을 줄여 환경을 보호하기 위해서는 우리가 거의 날마다 이용하는 자동차 연료도 바뀌어야 합니다. 현재 주로 사용하는 휘발유, 경유를 대신할 새로운 대체 연료를 개발하는 일은 녹색 기술을 연구하는 사람들이 시급히 풀어야 할 과제지요. 이미 미국, 일본, 독일의 자동차 업계는 수소를 이용한 연료 개발에 많은 비용을 투자를 하고 있어요.

언젠가는 수소를 이용하는 배터리인 수소 전지로 자동차를 움직이는 날이 올 거예요. 다 쓴 수소 전지는 액체 수소를 다시 충전해서 사용할 수 있어 더 친환경적인 연료로 각광을 받을 것입니다. 비록 현재는 자동차 연료로 수소를 사용하는 일이 보편화 되어 있지 않지만 과학자들은 언젠가 수소 전지를 더 값싸게 생산하게 되면 수소를 둘러싼 새로운 경제 가치가 창출될 것으로 예상하고 있지요.

새로운 시대를 맞은 글로벌 경제

지금까지 우리는 글로벌 경제의 정의부터 그 역사와 발전 과정, 글로벌 경제가 가져온 여러 사회 문제와 문제 해결을 위한 국제적인 노력까지 글로벌 경제의 모든 부문을 샅샅이 살펴보았습니다. 살펴본 것처럼 글로벌 경제의 발달은 인류가 현재 누리고 있는 경제적 기반을 마련하는 좋은 기회였습니다. 글로벌 경제 체제가 불러온 적극적인 국제 교류가 일자리를 창출해 빈곤을 일부 해소하고 국가 간에 서로 영향을 주고받으며 사회 문화적으로 한 단계 성장할 수 있는 계기가 되었다는 점까지 부정할 수는 없을 거예요.

경제적 세계화는 한동안 마치 모든 문제를 해결해 줄 듯한, 더없이 빛나는 가치로 여겨졌습니다. 그러나 현실은 달랐습니다. 세계화의 과정 속에서 가난하고 힘없고 소외받는 사람들은 더 큰 어려움에 직면했지요. 국제 시장에서 더 큰 돈을 만지려는 사람들 때문에 무분별한 개발이 시작되고, 노동자들은 기계처럼 일해야 했어요. 환경이 파괴되고, 빈곤이 확산되는 문제점들이 드러나자 많은 사람들이 분노하고, 비판하고, 거리로 나서기 시작했습니다.

현재 우리는 이렇게 복잡한 상황 속에서 살고 있습니다. 환경오염, 불공정한 노동 현실, 빈곤의 심화, 패권 국가 중심의 시장질서 등 글로벌 경제의 문제점은 한두 가지가 아니지만 그렇다고 국제 무역 거래를 중단하거나 줄일 수도 없는 것이 현실이지요. 한쪽에서는 문제점을 해결하기 위해 규제를 만들고 시위를 하는데, 다른 한쪽에서는 경제적 이윤만을 추구해야 경쟁에서 살아남을 수 있는 모순적인 상황이 매일 벌어지고 있지요. 그렇다면 우리는 이 상황에서 무엇을 해야 할까요?

새로운 시대의 글로벌 경제를 이끌어 갈 주역으로서 항상 국제적인 경제 문제에 관심을 가지고 어떻게 하면 지속적으로 모두가 함께 잘살 수 있을지 고민하는 삶의 태도가 필요합니다. 공정 무역 상품을 이용하거나, 환경 문제를 해결하기 위한 노력을 기울이는 기업의 상품을 구매하거나 여러분이 일상생활에서 할 수 있는 일은 무궁무진하게 많아요. 새로운 시대의 글로벌 경제를 만들어 나갈 여러분의 올바른 실천이 무엇보다도 중요합니다.

간추려 보기

- 인구가 늘어나면 물이나 화석 연료 같은 자원의 가격이 오르게 된다. 자원의 가치가 올라가면 상품 생산할 원료를 구하기 힘들어 경제 성장이 위축될 가능성이 크다. 자원을 사이에 두고 지역, 국가 간에 분쟁이 생길 수도 있다.
- 녹색 기술은 전력을 생산하기 위해 화석 연료를 사용하기보다는 태양이나 바람과 같은 자연의 힘을 사용하는 것을 더 선호하는 등의 친환경적인 기술을 말한다.

용어 설명

공공 부문 중앙 정부나 지방 자치 단체가 공공의 이익을 위해 재원을 지출하는 부문.

공정 무역 개발 도상국 생산자에게 정당한 대가를 지급하는 무역.

국제 통화 기금(IMF) 각국에 자금을 원활하게 조달하고, 세계 각국이 경제적으로 번영하는 것을 목표로 설립된 국제 금융 기관이다.

금리 빌려준 돈이나 예금 따위에 붙는 이자.

긴축 재정 국가나 지방 자치 단체에서 예산 규모를 줄이거나 예산 증가율을 경제 성장률 이하로 유지하려는 재정 정책.

대출 돈이나 물건 따위를 빌려주거나 빌림.

덤핑 국제 무역 경쟁에서 이기기 위해 국내 판매 가격이나 생산비보다 싼 가격으로 상품을 수출하는 일.

보조금 정부나 공공 단체가 기업이나 개인에게 내주는 돈. 특정 산업을 육성하거나 특정 시책을 장려하기 위해 주는 돈이다.

불황 경제 활동이 전반적으로 침체된 상태. 임금이 내려가고 생산이 위축되며 실업자가 늘어난다.

사회 기반 시설 국민 경제가 발전하는 데 기초가 되는 도로, 항만, 철도, 통신, 전력, 수도 따위의 공공시설.

세계 무역 기구(WTO) 세계 125개국이 참여하는 국제 기구. 세계 무역 분쟁 조정·관세 인하 요구·반덤핑 규제 따위의 법적인 권한과 구속력을 행사할 수 있다.

수입 다른 나라로부터 상품이나 기술 따위를 국내로 사들임.

수입 쿼터제 정부가 특정 수입 상품에 대해

일정량 이상의 수입을 허용하지 않는 정책. 초과하는 양에 대해선 수입을 원칙적으로 하지 않게 되므로 자국 산업을 보호하는 효과적인 방법 중 하나다. 우리나라도 2015년 현재 국내 영화 산업을 보호하기 위해 스크린 쿼터제(국산 영화 의무 상영제)를 시행하고 있다.

수출 국내 상품이나 기술을 외국으로 팔아 내보냄.

이자 남에게 돈을 빌려 쓴 대가로 치르는 일정한 비율의 돈.

이주민 다른 곳으로 옮겨 가서 사는 사람. 또는 다른 곳에서 옮겨 와서 사는 사람.

주식 주식회사의 자본을 이루는 단위. 각 주주는 자기가 가지고 있는 주식의 수만큼 회사 사업에 참여할 수 있다.

지구 온난화 환경 파괴 때문에 지구의 평균 온도가 상승하는 현상. 1900년 이후 100년 동안 지구의 평균 기온이 약 0.74도 오를 정도로 지구 온난화가 심각해지고 있다.

카리브 해 남아메리카, 중앙아메리카, 서인도 제도에 둘러싸인 대서양의 내해. 1914년 파나마 운하 개통 이후 세계적인 해상 교통 요충지가 되었다.

파산 재산을 모두 잃고 망함.

푸드 마일 농산물 등 식료품이 생산자 손을 떠나 소비자 식탁에 오르기까지 이동 거리.

플랜테이션 열대 또는 아열대 지방에서 자본과 기술을 지닌 서양 사람이 현지인의 값싼 노동력을 이용하여, 쌀·고무·솜·담배 등 농산물을 대량으로 단일 경작하는 경영 형태.

연표

기원전 2900년	이집트 상인들이 인도양을 탐험하기 시작했다. 그들은 아프리카 동쪽 해안으로부터 노예와 상아, 보석과 향료를 들여왔다.
기원전 2500년 ~기원전 1700년	인더스 문명을 일으킨 사람들이 오늘날 파키스탄, 북인도, 아프가니스탄과 중국의 남서 지역을 아우르는 인더스 강 주변 지역의 둑을 따라 무역을 했다.
1492년	포르투갈의 콜럼버스가 대서양을 가로질러 항해했다. 콜럼버스의 항해 이후 다른 유럽 국가의 탐험가나 무역업자가 세계의 바다를 적극적으로 찾아 나서게 되었다. 그러나 이는 유럽의 식민주의가 시작되는 계기가 되었다.
1497년	포르투갈의 바스쿠 다가마가 아프리카의 희망봉을 거쳐 서인도로 가는 바닷길을 개척했다. 이 항해는 더 많은 유럽 사람들이 부와 명예를 찾아 바다로 나서게 했다.

1860~1945년	많은 유럽 침략자들이 천연 자원을 찾기 위해 아프리카로 향했다. 유럽인들은 아프리카를 식민지로 삼고 가혹한 수탈을 했다.
1947년	최초의 다자간 무역 협정이 제네바에서 열렸다. 23개국이 참여한 이 무역 협정을 **관세 무역 일반 협정**(GATT)이라고 한다.
1988년	네덜란드 막스 하벨라르 재단이 처음으로 공정 무역 라벨을 만들었다.
1995년	제네바에 세계 무역 기구(WTO)가 설립되었다. 우루과이에서 열린 관세 무역 일반 협정의 마지막 다자간 협정이 종료되고 난 뒤였다.
1991~1998년	국가 간 경계를 넘어 자유롭게 이동했던 투자 자본이 심각한 경제 침체를 유발했다.
1999년	반세계화, 반자본주의 저항 운동이 미국 시애틀에서 일어났다. 이 시위는 불공정한 무역이 어떻게 열악한 근로 조건을 낳고 환경 문제를 만들며 세계적 불평등을 심화시키는지 세상에 더 널리 알리는 계기가 되었다.

2007년 2월	세계적 거대 은행 가운데 하나인 HSBC(홍콩 상하이 은행)가 서브 프라임 모기지 사태로 큰 손해를 보았다.
2007년 4월	미국 2위 서브 프라임 모기지 회사인 뉴 센추리 파이낸셜이 파산했다.
2007년 8월	프랑스에 본사를 둔 NP 파리바(Paribas) 그룹이 자사가 발행한 펀드에 대한 환매 지급을 중단했다. 유럽 중앙은행은 1,700억 유로(약 219조 원)를 금융 업계에 투입했다.
2007년 9월	영국 5위 모기지 은행인 노던 록 은행의 예금자들이 은행에 예금한 돈을 모두 찾아갔다. 노던 록이 미국 서브 프라임 모기지에서 큰 손해를 보았기 때문이었다.
2008년 3월	미국 투자 은행 베어 스턴즈(Bear Stearns)는 JP 모건 체이스(Morgan Chase)로부터 돈을 빌려 가까스로 살아남았다.
2008년 9월	미국 정부는 거대 모기지 대출 회사인 패니 매(Fannie Mae)와 프레디 맥(Freddie Mac)을 구제해 주었고, AIG 생명 보험도 미국 정부로부터 대출을 받아 살아남았다. 그러나 미국 정부로부터 긴급 구제를 거절당한 리먼 브라더스(Lehman Brothers) 투자 은행은 문을 닫았다.

2008년 10월	미국 의회가 미국 은행을 긴급 구제하는 데 7,000억 달러(약 797조 원)를 사용하는 데 동의했다. 이것은 미국 역사상 가장 큰 구제 금융이었다. 영국 정부가 로열 뱅크 오브 스코틀랜드(RBS)와 로이드(Lloyds)—HBOS 은행을 구하기 위해 370억 파운드(약 65조 원)를 지출했다.
2008년 12월	미국 중앙은행이 불경기를 극복하기 위해 대출 이자를 0~0.25퍼센트로 삭감했다. 0~0.25퍼센트는 미국 역사상 가장 낮은 이자율이었다.
2009년 2월	미국 의회는 공공 부문 일자리를 확충하기 위해 7,870억 달러(약 896조 원)를 경제에 투입하기로 했다.
2009년 4월	선진국들이 경제 위기에 빠진 개발 도상국을 돕기 위해 1조 1,000억 달러(1,252조 원)를 투입하기로 했다. 영국은 신용 경색으로 빚을 수천억 파운드(수백조 원)나 졌다.

더 알아보기

한국은행 경제 교육 www.bokeducation.or.kr

한국은행이 운영하는 온라인 경제 교육 프로그램이다. 이곳에서는 어린이를 비롯해 청소년, 대학생, 일반인 등이 누구나 수준에 맞는 경제 공부를 할 수 있다. 특히 '어린이 경제 마을' 코너를 이용하면 경제와 생산, 소비, 화폐, 저축, 자산 관리 등을 플래시 영상과 애니메이션, 만화 등을 통해 재미있게 배울 수 있다.

금융감독원 금융 교육 센터 edu.fss.or.kr

금융감독원이 운영하는 사이트로 어린이부터 성인까지 모두 이용 가능한 다양한 교육 콘텐츠가 준비돼 있다. 금융 이해력을 증진하고, 금융 상품을 합리적으로 선택하는 능력을 키워주기 위한 온라인 금융 교육을 시행하고 있다.

기획재정부 어린이·청소년 경제 교실 kids.mosf.go.kr

기획재정부가 운영하는 사이트로 경제 현안을 여러 가지 소주제로 나누어 차근차근 설명해 주는 플래시 콘텐츠가 제공된다. 특히 이곳에는 각종 경제 상식을 누구나 이해하기 쉽게 설명한 경제 용어 코너 등이 잘 구성되어 있어 어린이들이 이용하기에 적합하다.

찾아보기

내인생의책은 한 권의 책을 만들 때마다
우리 아이들이 나중에 자라 이 책이 '내 인생의 책'이라고 말할 수 있는 책을 만들고자 합니다.

세상에 대하여 우리가 더 잘 알아야 할 교양
44 글로벌 경제 나에게 좋은 걸까?

리처드 스필베리 글 | 한진여 옮김 | 강수돌 감수

초판 인쇄일 2015년 12월 25일 | 초판 발행일 2015년 12월 31일
펴낸이 조기룡 | 펴낸곳 내인생의책 | 등록번호 제10-2315호
주소 서울시 영등포구 당산동 4가 80번지 SK V1 Center W1801호
전화 (02)335-0449, 335-0445(편집) | 팩스 (02)6499-1165
전자우편 bookinmylife@naver.com | 카페 http://cafe.naver.com/thebookinmylife
편집장 이은아 | 편집 신인수 조정우 이다겸 김예지
디자인 안나영 김지혜 | 경영지원 조하늘 | 마케팅 강보람

ISBN 979-11-5723-216-1 44300
ISBN 978-89-97980-77-2 44300(세트)

Global Economy by Richard Spilsbury
under licence to Capstone Global Library Limited.
All rights reserved.

Korean Translation Copyright © 2015 by TheBookInMyLife
Korean edition is published by arrangement with Capstone Global Library Limited
through Sibylle Books Literary Agency

책값은 뒤표지에 있습니다. 잘못된 책은 구입처에서 바꾸어 드립니다.

이 도서의 국립중앙도서관 출판시도서목록(CIP)은 e-CIP 홈페이지(http://www.ml.go.kr/ecip)에서 이용하실 수 있습니다.
(CIP제어번호: 2015026421)

친구처럼 말을 건네는 살아 있는 지식!

청소년 지식수다는 시사적인 이슈를 사회, 과학, 경제, 문화적 관점에서 들여다보며 세상을 해석하는 나만의 시각을 길러 줍니다.

⑥ 경제 성장이라는 괴물

경제 성장의 이면에 감춰진 진실을 파헤치다!
지속가능한 발전의 모든 것을 50개 키워드로 알기 쉽게
설명한다. 어떻게 사는 것이 진정으로 인간다운 삶인지를
수다 떨듯 재미있게 알려주는 청소년 교양서.

실비 뮈니글리에 · 브누아 브로이야르 글 | 마튜 드 뮈종 그림 | 윤순진 감수 |
김보희 옮김

청소년 지식수다는 계속 출간됩니다.

① 원자력이 아니면
촛불을 켜야 할까?

장바티스트 드 파나피외 글 | 칠리앙 르
브뉘 그림 | 곽영직 감수 | 배형은 옮김

② 신문, 읽을까 클릭할까?

마리용 기요 글 | 니콜라 와일드 그림 |
김민하 감수 | 이은정 옮김

아는 만큼 건강해지는 성
③ 청소년 빨간 인문학

키라 버몬드 글 | 박현이 감수 | 정용숙
옮김

④ 언어가 사라지면
인류는 어떻게 될까?

실비 보시에 글 | 안느 루케트 그림 | 이
기용 감수 | 배형은 옮김

⑤ 돈을 알면 세상이 보일까?

알렉상드르 메사제 글 | 파코 그림 | 노
상채 감수 | 김보희 옮김